# 어휘가 탄탄해지는 고사성어 톡톡!

AI 고사리가 들려주는 고사성어 이야기

**강민경** 기획 | **인정림·강정화** 글 | **나인완** 그림

휴먼어린이

## 초대하는 글

"**삼고초려** 끝에 드디어 승낙!"
"**대기만성** 스타의 파란만장 성공기!"
"합격으로 보상받은 **형설지공**!"

　뉴스나 인터넷 기사의 제목들을 보면 낯설고 어려워 보이는 어휘들이 자주 등장하곤 합니다. 점잖은 자리에서 어른들이 나누는 대화 속에도 이런 말들은 불쑥불쑥 존재감을 드러내곤 하지요. 분명 우리나라 말인 것 같긴 한데, 어찌 보면 우리나라 말이 아닌 것 같기도 하고, 도무지 무슨 뜻인지 알 수 없는 알쏭달쏭한 글자 뭉치들 앞에서 머릿속으로 커다란 물음표를 그려 본 경험이 누구나 있을 거예요. '에이, 쉽게 말하면 될 걸 뭐 하러 유식한 척 문자를 쓴대?' 하며 못마땅한 마음이 들 때도 있었을 거고요. 그런데 만약, 이렇게 알 듯 말 듯한 어휘 속에 재미있는 옛이야기가 숨겨져 있다면 어떨까요? 또 그 말이 장황하게 설명해야 하는 복잡한 상황을 간결하고 산뜻하게 나타낼 수 있다면요?
　**삼고초려**, **대기만성**처럼 한자를 이용해 비유적인 내용을 담고 있는 관용어를 '한자성어'라고 해요. 그중 특별히 옛이야기에서 유래한 말을 옛고(古), 일 사(事)를 써서 '고사성어'라고 부른답니다. 고사성어는 간단한 말로 교훈이나 비유, 상징 등을 나타낼 수 있을 뿐만 아니라, 옛이야기에 유래를 두고 있기 때문에 옛날이야기를 듣는 것처럼 재미있기도 하지요. 한 글자 한 글자 한자의 뜻을 알고 익히면 적절할 때 사용할 수 있을 만큼 고사성어에 익숙해질 거예요.

이제 우리 친구들이 고사성어와 친해지는 것을 돕기 위해 탄생한 '고사리'를 소개합니다. '고사리'는 여러분의 눈높이에 꼭 맞는 고사성어를 상황에 딱 맞게 알려 주고, 고사성어가 탄생하게 된 유래까지 들려줄 AI 친구예요.

고사리와 대화하듯 책을 읽는 동안 일상생활에서 쉽게 활용할 수 있는 고사성어를 익히고, 나아가 적절한 상황에 사용할 수 있는 실력까지 갖추게 된다면 고사리는 더할 수 없이 행복할 것 같아요.

자, 우리의 대화를 간결하게도, 풍요롭게도 만드는 신통방통 고사성어의 매력 속으로, 고고!

단풍이 물드는 우면산 자락에서
인정림·강정화

## 차례

초대하는 글    4

### 1장   마음을 나누는 소중한 사이

결초보은 | 이 은혜를 어떻게 갚을꼬?   10
관포지교 | 베프를 따돌려라   18
도원결의 | 의리로 똘똘 뭉친다!   24
동병상련 | 내 아픔을 알아주는 친구   32
순망치한 | 형과 내가 공동 운명이라고?   38
지음 | 내 마음을 알아줘!   44

### 2장   일상 속 빛나는 깨달음

계륵 | 우리 팀으로 와 줘. 제발~   52
기우 | 멀쩡한 무대가 왜 무너져?   58
사족 | 딱! 멈췄어야 했는데   64
새옹지마 | 나만 다른 반이라니?   72
어부지리 | 고래 싸움에 배 터진 날   78
조삼모사 | 어차피 결과는 똑같은걸   84

## 3장 성공을 부르는 마음가짐

군계일학 | 게임만큼은 내가 최고! 92
맹모삼천 | 방송국 옆에 살고 싶어! 98
삼고초려 | 걸그룹 영입 대작전 106
와신상담 | 산삼이 아니라 상담? 112
화룡점정 | 우리는 롤러코스터 원정대! 118

## 4장 노력으로 이룬 아름다운 성취

괄목상대 | 실력이 몰라보게 늘었네! 126
대기만성 | 키 크고 싶어! 132
마부작침 | 나도 요정모자를 뜰래! 138
우공이산 | 비켜라 미세먼지! 144
형설지공 | 우리 집은 정전 중 150

## 5장 위기 속에서 얻은 삶의 지혜

구밀복검 | 꿀처럼 달콤한 말 뒤에는 158
난형난제 | 실력이 비슷하다고? 164
모순 | 3년만 지나면! 170
오십보백보 | 눈에는 눈, 이에는 이 176
토사구팽 | 도와 달라고 할 땐 언제고? 182

### 1장

# 마음을 나누는
## 소중한 사이

결초보은 | 관포지교 | 도원결의 | 동병상련 | 순망치한 | 지음

# 결초보은

맺을 결    풀 초    갚을 보    은혜 은

'풀을 묶어 은혜를 갚는다.'는 말로,
죽은 뒤에라도 은혜를 잊지 않고 갚는다는 뜻이야.

고사리, 나 오늘 완전 십년감수했다.
지우

 왜? 무슨 일 있었어?
고사리

오늘 체육 시간에 피구를 했거든. 공 피해서 정신없이 오락가락하다가 뒤로 꽈당 넘어졌지 뭐야.
지우

 헉! 그래서? 다쳤어? 엉덩방아?
고사리

엉덩방아가 문제가 아니고 태희가 안 막아 줬으면 완전 쌍코피 터질 뻔.
지우

 오, 태희가? 태희한테 **결초보은**이라도 해야겠네.
고사리

뭐라고? 초보… 뭐? 내가 지금 피구 좀 못한다고 너까지 무시하는 거니?
지우

 아니아니, **결초보은**은 그런 뜻이 아니고 죽은 뒤에라도 은혜를 꼭 갚는다는 뜻이야.
고사리

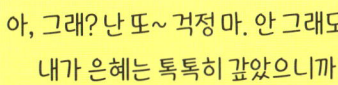 아, 그래? 난 또~ 걱정 마. 안 그래도 내가 은혜는 톡톡히 갚았으니까!
지우

 역시 고사리 친구답네.
고사리

전송

## 이 은혜를 어떻게 갚을꼬?

"엄마야!"

상대 팀 친구의 손을 떠난 피구공이 지우를 향해 날아오는 순간, 지우는 두 눈을 질끈 감아 버리고 말았어요. 피구 경기를 할 때마다 공을 잡아 공격하기는커녕 날아오는 공을 피하기만도 바빴어요. 더구나 지금은 정신없이 날아오는 공을 피해 이리저리 휩쓸려 다니다가 엉덩방아까지 찧고 주저앉아 있는 상황이었지요.

'난 죽었다.'

공을 갖고 있는 상대 팀 친구가 있는 힘껏 지우를 향해 공을 던진 순간이었어요.

"퍽!"

"아얏!"

어디선가 나타난 태희가 두 눈을 꼭 감고 있는 지우의 머리를 감싸 안았어요. 그 바람에 상대 팀 친구가 던진 공은 '퍽' 소리를 내며 태희의 등에 내리꽂히고는 떼구루루 굴러갔어요. 태희가 어깨 뒤로 팔을 넘겨 손에 닿지 않는 등을 애써 움켜잡으며 아웃 선 바깥으로 나가는 동안, 지우는 후다닥 일어나 다른 친구들 뒤로 숨을 수 있었어요.

체육 시간이 끝나고 교실로 들어가는 길이었어요.

"태희야, 아까 정말 고마웠어. 너 공 맞은 데 괜찮아?"

"어어, 난 괜찮아. 난 등으로 맞았잖아. 그대로 뒀으면 아마 넌 얼굴에 정통으로 맞았을걸?"

"뭐야? 그럼 너 일부러 나 대신 맞아 준 거야?"

지우는 태희의 동그란 얼굴이 새삼 너무너무 예뻐 보였어요.

"안 되겠다. 내가 받기만 하고는 못 사는 성격이지. 내가 오늘 이 은혜 꼭 갚는다!"

"아유, 웬 은혜?"

"아니야, 아니야. 너 요즘 다이어트한다고 했지? 오늘 급식 반찬이 불고기랑 치즈스틱이던데, 오늘 은혜도 갚을 겸 내가 대신 먹어 줄게."

"엥? 뭐라고?"

고사리가 들려주는 고사성어 이야기

# 결초보은

    중국 진(晉)나라에 위무자라는 사람이 살고 있었어. 위무자에게는 나이 어린 새 아내가 있었는데, 위무자는 아내에 대한 사랑이 지극했지. 그러던 어느 날, 위무자가 큰 병에 걸리자 아들 위과를 불러 놓고 말했어.

    "내가 죽거든 네 새어머니를 좋은 곳에 시집보내 주도록 하거라."

    "아버님, 그런 말씀 마시고 어서 자리 털고 일어나실 생각만 하셔야지요."

    위과의 정성 어린 간병에도 위무자의 병은 깊어만 갔어. 죽을 날이 머지않은 어느 날, 사경을 헤매다 잠깐 정신이 든 위무자는 위과에게 이렇게 말했어.

    "내가 죽거든 네 새어머니도 함께 묻어다오."

    당시 진나라에는 남편이 죽으면 아내도 따라 묻는 풍습이 있었기 때문에 유언대로라면 새어머니는 아버지가 돌아가신 뒤 꼼짝없이 죽임을 당할 상황이었어. 얼마 안 가 아버지가 돌아가시자 깊이 고민하던 위과는 마침내 결단을 내렸어.

    "저는 아버님이 평소 맑은 정신일 때 하시던 말씀을 따를 것입니다. 어머님, 부디 새 인생을 찾아 평안히 지내십시오."

    얼마 뒤, 위과는 전쟁에 나가게 되었어. 있는 힘을 다해 싸웠지만 적장에게 패해

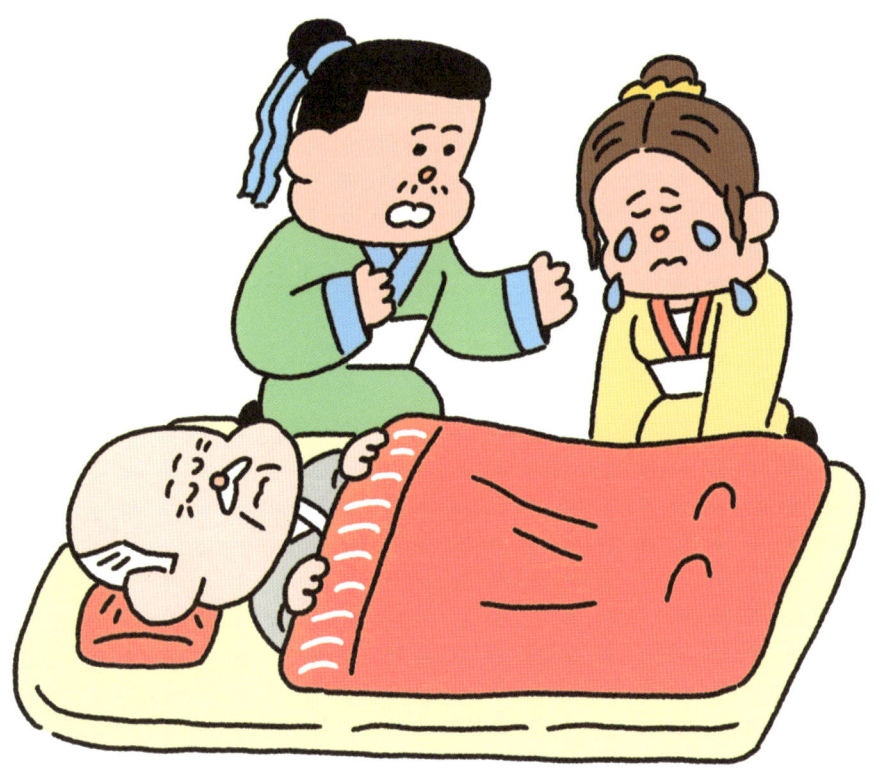

쫓기는 신세가 되고 말았지. 적장이었던 진(秦)나라 장수 두회는 위과를 잡기 위해 죽을힘을 다해 뒤쫓아 왔어. 말을 타고 달아나던 위과가 뒤돌아보니 두회가 뽀얀 먼지를 일으키며 맹렬하게 쫓아오고 있었지.

'아, 이대로 끝나는 것인가.'

그런데 두회가 달려오고 있는 풀밭에 한 노인이 웅크리고 앉아 무언가를 하고 있는 것이 아니겠어? 자세히 보니 노인은 두회가 지나갈 길의 풀을 묶고 있는 중이었어. 위과가 의아해하며 바라보는 것도 잠시, 눈 깜짝할 사이에 달려온 두회의 말이 노인이 묶어 놓은 풀에 걸려 넘어지면서 두회는 풀밭으로 고꾸라지고 말았어. 그 틈을 탄 위과는 재빨리 말머리를 돌려 두회를 사로잡고 자신의 목숨을 구할 수 있었지. 그러고 나서 주위를 둘러보니 노인은 온데간데없이 사라지고 없었어.

그날 밤, 위과의 꿈에 풀밭의 노인이 나타났어. 위과는 반갑고 고마운 마음에 얼른 노인에게 물었지.

"어르신은 누구시기에 저의 목숨을 살려 주신 겁니까?"

"나는 당신 새어머니의 아버지라오. 당신 때문에 내 딸이 죽지 않고 살았으니 그 은혜를 갚기 위해 풀을 묶은 것이라오."

죽어서까지 딸의 은혜를 갚다니, 감동적인 이야기지? 이때부터 '결초보은'이라는 아름다운 말이 생겨난 거야.

 **이렇게 사용해 봐!**

- 선생님 은혜에 언젠가 반드시 **결초보은**하겠어.
- 오늘 숙제 도와줘서 정말 고마워. 내가 꼭 **결초보은**할게.
- 아빠, 어젯밤에 게임하다 들킨 거 엄마한테 비밀로 해 주셔서 감사해요. 제가 꼭 **결초보은**할게요.

# 관포지교

대롱 관 · 절인 물고기 포 · 어조사 지 · 사귈 교

중국 춘추 시대의 '관중과 포숙아의 깊은 우정'을 뜻하는 말로, 영원히 변치 않고 믿어 주는 두터운 우정을 가리킬 때 사용해.

바다: 고사리! 비상이야, 비상!

고사리: 왜, 왜? 무슨 일인데?

바다: 내 마니또가 보배야. 으, 어쩜 좋아!

고사리: 뭐? 보배라면 너랑 완전 관포지교 사이잖아.

바다: 관포, 뭐라고? 너 또 이상한 옛날 문자 쓰는 거니? 첨단 과학의 결정체라는 애가 쓰는 말은 엄청 구식이라니까.

고사리: 구식이라니! 관포지교는 관중과 포숙아라는 절친들의 우정을 뜻하는 말이야. 너랑 보배처럼 말이지.

바다: 관중인지 관종인지 내 알 바 아니고 나랑 보배랑 관, 어쩌고 그런 사이잖아. 내가 보배 몰래 도움도 주고 선물도 줘야 하는데 우리가 눈빛만 봐도 다 아는 사이라….

고사리: 흠, 듣고 보니 정말 큰일이네…. 아! 나한테 좋은 생각이 났어!

전송

## 베프를 따돌려라

"선생님, 저 배가 아파서 체육 못 할 것 같아요."
바다가 미간을 찌푸리며 말했어요.
"많이 아프니? 그럼 보건실에 가 보는 게 좋겠는데……."
선생님께서 걱정스러운 표정으로 말씀하셨어요.
"선생님, 제가 바다 보건실에 데려다주고 나갈게요."
바다 뒷자리에 앉아 있던 보배가 얼른 손을 들고 말했어요.
"아, 아니야. 나 혼자 갈 수 있어! 선생님, 저 얼른 보건실에 갈게요!"
바다는 엉거주춤한 걸음으로 배를 문지르면서 교실을 빠져나갔어요.
'후유, 하마터면 보배가 따라붙을 뻔했네.'

바다는 반 아이들의 눈을 피해 보건실이 있는 1층 복도 끝에서 어슬렁대다가 살금살금 3층 교실로 올라갔어요. 모두가 운동장으로 나간 틈을 타 마니또인 보배 책상 속에 선물을 넣을 생각이었어요. 바다가 티셔츠 속에 감춰 뒀던 슬라임 키트 꾸러미를 보배 책상 서랍에 넣는 순간이었어요.

"바다야, 뭐 하는 거야?"
"엄마야! 깜짝이야!"
깜짝 놀란 바다가 뒤로 나자빠지는 바람에 슬라임 키트 꾸러미가 보배

앞으로 데굴데굴 굴러갔어요.

"어, 네가 혹시 내 마니또야?"

보배가 얼떨떨한 표정으로 물었어요.

"으응, 그게 그러니까, 그렇게 됐어. 근데 넌 왜 여기 있는 거야?"

"어, 그러니까 말이야……. 나도 네 마니또야."

"뭐라고?"

말없이 서로를 바라보던 바다와 보배는 누가 먼저랄 것도 없이 허리를 꺾어 가며 웃음을 터뜨렸어요.

"네가 아프다기에 걱정돼서 따라갔는데 어쩐지 좀 이상하더라고. 괜찮은 거야?"

"네 책상에 몰래 선물을 넣어 둬야 하는데 방법이 있어야지. 그래서 어쩔 수 없이 꾀병 부린 거야."

"어쩜, 우리 진짜 천생연분인가 봐."

보배의 말에 바다가 눈을 동그랗게 뜨며 말했어요.

"천생연분보다 더 딱 맞는 말이 있어. 무지무지 진한 우정을 나누는 사이를 '관포지교'라고 한대. 관중과 포숙아도 우리처럼 베프였대."

"오, 관중과 포숙아라 관포란 거지? 그럼 우린 바다랑 보배니까 바보지교인 거야?"

"바보지교? 푸하하, 그거 말 된다. 바보지교여, 영원하라!"

고사리가 들려주는 고사성어 이야기
# 관포지교

중국 춘추 시대 제나라에 살던 관중과 포숙아는 어려서부터 둘도 없는 친구 사이였어. 두 사람이 서로 믿고 이해하는 마음은 주위의 부러움을 살 정도였지. 두 사람이 함께 장사를 할 때였어.

"관중, 이번에도 장사가 꽤 잘된 것 같네. 여기 우리 두 사람의 몫을 나눠 놨으니 가져가게나."

"포숙아, 지난번에도 내게 더 큰 몫을 주더니 이번에도 이러면……."

"아닐세. 내가 자네보다 집안 형편이 나으니 자네가 더 가져가는 것이 마땅하지."

한번은 관중이 전쟁에 나갔다가 도망쳐 온 일이 있었어. 사람들은 관중의 비겁함을 비웃었지만, 이번에도 포숙아는 관중을 감쌌어.

"관중에게는 늙은 홀어머니가 계시지 않은가. 하나뿐인 아들이 전쟁에서 목숨을 잃으면 얼마나 큰 불효일지 알기 때문에 전장에서 물러난 거라네."

세월이 흘러 두 사람은 벼슬길에 올랐어. 하지만 뜻하지 않게 두 사람이 모시는 왕자가 서로 왕위를 다투는 바람에 관중과 포숙아도 적의 입장이 되고 말았지. 관중이 모시는 왕자가 포숙아 편의 왕자에게 죽임을 당하자 관중 역시 꼼짝없이 죽을 목숨이 되었어. 하지만 이번에도 포숙아가 나섰어.

"폐하, 관중의 재능은 신보다 훨씬 낫습니다. 제나라를 다스리는 것으로 만족하신다면 신으로도 충분하지만, 천하를 다스리고자 하시면 관중을 기용하십시오."

결국 관중은 포숙아보다 높은 벼슬에 올랐고, 포숙아는 왕과 관중을 정성껏 섬겼다고 해. 관중은 훗날 친구 포숙아에 대해 이렇게 말했어.

"나를 낳아 준 분은 부모지만, 나를 진심으로 알아준 사람은 포숙아였다오."

이때부터 관중과 포숙아처럼 변하지 않는 의리와 우정을 나누는 사이를 '관포지교'라고 부르게 되었지.

---

### ✔ 이렇게 사용해 봐!

- 우리 우정은 **관포지교**를 능가할 정도라고!
- 베프나 절친 대신 **관포지교**란 말을 써 보면 어떨까?
- 남들이 다 부러워하는 **관포지교** 사이였는데 하루아침에 원수가 되다니, 세상 참 모를 일이야.

# 도원결의

桃 園 結 義
복숭아나무 도 | 동산 원 | 맺을 결 | 옳을 의

'복숭아밭에서 의리를 맺는다.'는 뜻으로, 서로 마음이 맞는 사람끼리 어떤 일을 이루기 위해 함께 행동하기로 약속할 때 쓰는 말이야.

현석: 고사리! 나 이제부터 태호하고 절교할 거다.

고사리: 뭐? 너 태호랑 민준이랑 절친 삼총사 아니야? 지난번엔 **도원결의**까지 했잖아.

현석: 그랬지! **도원결의**까지 해 놓고 다른 마음을 먹었으니 당연히 절교지!

고사리: 무슨 일이 있었기에 그래?

현석: 고사리, **도원결의**가 무슨 뜻이냐? 한날한시에 죽을 것을 맹세할 만큼 의리로 맺어진 사이라는 거잖아.

고사리: 그렇지.

현석: 근데 말이야, 태호 그 녀석이… 어쩌고저쩌고 이러쿵저러쿵….

고사리: 헉! 그게 말이 되냐? 당장 태호한테 사과해~

전송

## 의리로 똘똘 뭉친다!

현석이와 태호, 민준이는 어린이집에 다닐 때부터 못 말리는 삼총사였어요. 학교에 입학하고 다른 반이 되어서도 등교도 같이 하고 하교도 같이 하고 무엇이든 같이 할 만큼 맘이 꼭 맞는 친구들이었지요. 어느 날, 평소 책 읽기를 좋아하는 현석이가 상기된 얼굴로 얘기했어요.

"얘들아, 이것 봐. 내가 어제 기가 막힌 걸 읽었는데, 여기 이런 말이 나온다."

현석이가 태호와 민준이에게 보여 준 책은 《삼국지연의》였어요. 현석이가 펼쳐 보인 장면은 유비와 관우, 장비가 복숭아밭에서 의형제를 맺는 부분이었어요.

"오, 멋있는데? 우리도 의형제 맺으면 어떨까?"

세 친구는 복숭아나무 대신 복숭아 맛 음료수를 가운데 두고 제법 진지하게 손을 모았어요.

"우리는 부모도 다르고 성도 다르지만!"

"형제의 의리로 똘똘 뭉친 사이다!"

"한날한시에 태어나지는 못했어도!"

그리고 서로를 바라보며 눈을 찡긋하며 한목소리로 외쳤어요.

"한날한시에 죽기를 바란다!"

며칠 뒤였어요. 태호가 현석이 앞에서 쩔쩔매고 있었어요.

"태호야! 너 진짜 이러기냐? 우리가 한날한시에 죽기를 각오한 의형제 사이인데……."

"아, 그, 그게, 그러니까, 그래도 이건 좀 아닌 것 같아……."

태호는 금방이라도 울 듯한 표정으로 안절부절못했어요. 그럴수록 현석이의 표정은 진짜 유비가 살아 돌아와 노발대발이라도 한 듯 으르렁댔어요.

"마지막 기회야. 얼른 결정해. 민준이한테 가 볼 거야, 말 거야?"

잠시 숨을 고르던 태호가 드디어 비장한 표정으로 말했어요.

"몰라, 몰라! 도원결의고 뭐고 나 그냥 다 관둘래. 아무리 그래도 일부러 독감 걸린 민준이를 찾아가서 독감을 옮을 필요는 없지 않냐?"

"야! 우리가 한날한시에 죽기를 각오했는데 그까짓 독감이 대수야!"

고사리가 들려주는 고사성어 이야기

# 도원결의

    중국 후한 시대가 무너져 갈 때의 일이야. 왕실과 벼슬아치들은 백성들의 어려움은 아랑곳하지 않고 제 배 채우기에만 급급했어. 엎친 데 덮친 격으로 때마침 흉년까지 들자 어지러운 민심을 틈타 '장건'이라는 사람이 도둑의 무리를 일으켰어. 이들은 머리에 누런 수건을 두르고 있어 '황건적'이라고 불렸는데, 먹고살기 힘들어진 백성들이 너나없이 황건적에 합세하자 나라는 온통 도둑들이 들끓는 무법천지가 되고 말았지. 나라에서는 이들의 세력을 꺾기 위해 고을마다 의병을 모집하는 방을 붙였어. 유비가 살던 마을에도 방이 붙었어.

'이 나라가 앞으로 어찌 될지 정말 큰일이로군.'

유비는 방을 쳐다보다 저도 모르게 한숨을 내쉬었어. 그러자 뒤에서 쩌렁쩌렁한 목소리가 들려왔어.

"나라를 위해 싸울 생각은 안 하고 한숨만 쉬어서 어쩌겠다는 거요?"

우락부락하게 생긴 남자가 부리부리한 눈빛으로 말했어.

"내 이름은 장비요. 보아하니 나라 꼴이 이 모양이라 속 터지는 게 나와 한마음인 것 같은데 함께 뜻을 도모해 보지 않겠소?"

유비와 관우는 인사를 나누고 근처에 있는 주막으로 들어갔어. 그곳에서 주거니 받거니 술을 마시며 이야기를 나누고 있는데, 멋진 수염을 가진 사나이가 다가왔어.

"나는 관우라고 하오. 나도 도둑 떼를 잡기 위해 내 힘을 보태고자 한다오."

나라의 앞날을 걱정하는 세 사람의 이야기는 끝이 날 줄 몰랐어. 이야기가 한창 무르익자 성질 급한 장비가 말했어.

"우리 집 뒤에 복숭아밭이 있으니 거기서 우리의 뜻을 확실히 합시다."

다음 날, 장비의 집 뒤에서 다시 모인 세 사람은 복숭아나무 아래에 제사 음식을 차려 놓고 의형제를 맺었어.

"우리가 비록 성은 다르오나 의리로써 형제를 맺습니다."

"한날한시에 태어나지 못했지만 한날한시에 죽기를 원합니다."

"나라에 보답하고 백성을 보살펴 편안케 하고자 하니 부디 천지신명께서 지켜 주

시옵소서."

맹세를 마치고 유비가 형이 되고, 관우가 둘째, 장비가 셋째가 되었어. 이후 이들은 황건적을 무찌르는 데 앞장서 싸웠어. 그렇게 온갖 어려움을 딛고 촉나라를 세워 중국의 삼국 시대를 열었지.

뜻을 같이하는 사람들이 함께 행동하기를 약속하고 의리를 맹세하는 것! 가치 있고 정의로운 일에 '도원결의'하는 건 정말 멋진 일이란다.

 **이렇게 사용해 봐!**

- 얘들아, 우리 **도원결의**해서 이번 방학 땐 꼭 파자마 파티에 성공하자.
- **도원결의**해도 모자랄 판에 이렇게 서로 탓만 해서 되겠어?
- 지난번에 **도원결의**했던 국회의원들이 지금은 원수가 되었네?

# 동병상련

| 同 | 病 | 相 | 憐 |
|---|---|---|---|
| 같을 동 | 병 병 | 서로 상 | 불쌍히 여길 련 |

'같은 병을 앓는 사람끼리 서로 가엾게 여긴다.'는 뜻으로, 어려운 처지에 있는 사람끼리 마음을 헤아려 주고 위해 줄 때 쓰는 말이야.

태호: 고사리, 나 진짜 가출하고 싶다.

 고사리: 엥? 그게 무슨 소리야?

태호: 엄마 때문에 살 수가 없어. 아침에 좀 다정하게 깨우면 법에라도 걸린대? 오늘 아침엔 분무기로 물을 뿌려 대는 바람에 쫄딱 젖어서 깼잖아.

 고사리: 오죽하면 그렇게 하셨겠냐. 😥 너 깨우는 일이 보통 일은 아니지.

태호: 하! 너 내 친구 맞냐? 준서는 내 얘기 듣고 완전 대공감하면서 위로해 줬는데 너는 친구라는 것이!

 고사리: 아하, 준서도 못 말리는 잠꾸러기지. 둘이 엄청 **동병상련**을 느꼈겠네.

태호: 그렇다니까! 하긴, 너같이 잠도 없고 감정도 없는 AI가 어떻게 내 괴로움을 헤아리겠냐?

 고사리: 태호야, 얼른 네 동생 민호 좀 톡방에 초대해 주라.

태호: 갑자기 민호는 왜?

 고사리: 나도 민호랑 **동병상련** 좀 나누려고 그런다. 너한테 구박받는 이 서러움을 털어놓게. 😩

태호: 고사리, 너!

## 내 아픔을 알아주는 친구

태호는 아직 잠이 덜 깬 얼굴로 터덜터덜 학교로 향했어요. 학교로 향하는 오르막길이 오늘따라 더 가파르게 느껴졌어요. 등교 시간이 거의 끝나 가는 터라 학교 앞길은 한적하기만 했어요.

"태호야!"

터벅터벅 걸어가는 태호의 어깨를 누군가 툭 쳤어요. 같은 반 친구 준서였어요.

"어, 준서야! 너도 지금 가는 거야?"

"응, 엄마랑 한바탕하느라고."

준서는 아직도 분한지 콧구멍으로 씽씽 바람을 뿜어내며 말했어요.

"아침에 깨울 때마다 얼마나 나를 괴롭히시는지……. 우리 엄마 맞나 싶다니까."

"어, 너희 엄마도 그러셔? 나도 오늘 분무기로 물벼락 맞았잖아."

"야, 우리 엄만 아침마다 럭키를 내 얼굴에 올려놓는다니까."

럭키는 준서네 집 강아지였어요. 아니, 강아지라기엔 제법 무거운 불독이었어요. 통통한 럭키가 잠자는 얼굴 위에 올라와 있다고 생각하니 여간 고역이 아닐 듯했어요.

"하여간 엄마들이란! 준서야, 그래도 나는 내 괴로움을 나눌 너 같은 친구가 있어서 정말 다행이다."

"나도 그래. 이런 걸 동병상련이라고 하지 않나?"

두 친구는 서로 마주 보며 싱긋 웃었어요.

그날 저녁, 태호 엄마와 준서 엄마가 통화를 하고 있었어요.

"아침마다 태호 깨우느라 진이 다 빠져요. 저 늦잠 버릇을 어떻게 고쳐야 하는지."

"글쎄 말이에요. 이젠 럭키 약발도 다 떨어져 가는 것 같고, 뭐 좋은 방법이 없을까요?"

준서 엄마가 볼멘소리를 하자 태호 엄마가 속삭였어요.

"전 요즘 분무기에 찬물을 담아서 태호 자는 얼굴에 막 쏴요. 얼굴에 비가 내리는데 안 일어나고 배기나?"

"오, 저도 그 방법 좀 써 봐야겠네요. 늦잠꾸러기 아들 키우는 동병상련 나눌 분 계셔서 정말 다행이에요. 좋은 방법 있으면 또 공유해요."

"당연하죠. 그럼 또 연락해요."

고사리가 들려주는 고사성어 이야기
# 동병상련

중국 춘추 시대 초나라에 오자서라는 사람이 살고 있었어. 오자서의 가문은 대대로 나라를 위해 충성을 다하는 집안이었지. 그런데 오자서의 아버지와 형은 초나라 태자의 모함으로 억울한 누명을 쓰고, 하루아침에 죽임을 당하고 말았어. 오자서는 슬픔과 분노를 억누르며 오나라로 도망쳤어. 그는 오나라에서 태자 합려를 도와 합려가 왕이 되는 데 큰 공을 세웠어. 합려는 오자서에게 대부라는 높은 벼슬을 주고 중요한 나랏일을 상의했지.

그러던 어느 날, 오나라에 백희라는 사람이 찾아왔어. 백희 역시 초나라에서 도망쳐 온 사람이었어.

"그대는 왜 초나라에서 오나라로 망명을 한 것이오?"

오자서가 묻자 백희가 대답했어.

"저의 아버지는 초나라 태자의 모함으로 억울하게 죽임을 당했습니다. 오나라의 왕을 도와 초나라를 치는 데 힘을 합치고자 하오니 부디 저를 받아 주십시오."

오자서는 자신과 같은 아픔을 가진 백희에게 마음이 쓰였어. 하지만 오자서와 같은 대부였던 피리는 백희를 탐탁지 않게 여겼어.

"백희는 눈빛이 매와 같이 날카롭고 걸음걸이가 호랑이 같아 사람을 해칠 상이오. 그런데 자네는 왜 그렇게 그 사람을 감싸는 것이오?"

피리의 말에 오자서가 대답했어.

"옛 시에 같은 병을 앓는 사람끼리는 서로 가엾게 여긴다는 말이 있지 않소. 초나라에서 모함을 당해 억울하게 가족을 잃은 백희의 처지가 나와 같기 때문에 마음이 쓰인 것이오."

그로부터 9년 뒤, 오나라는 초나라를 공격해 큰 승리를 거두었다고 해. 동병상련의 마음으로 힘을 합친 오자서와 백희가 원수를 갚는 데 성공한 셈이지.

 **이렇게 사용해 봐!**

- 이 강아지는 다리가 굉장히 짧네. 왠지 **동병상련**을 느낀다.
- 우리 할머니 친구분들은 가난했던 시절에 **동병상련**의 아픔을 느끼면서 가족 같은 정을 나누셨대.
- 나는 여자 친구가 한 번도 없었던 우리 사촌 형에게 **동병상련**을 느껴.

# 순망치한

| 脣 | 亡 | 齒 | 寒 |
|---|---|---|---|
| 입술 순 | 망할 망 | 이 치 | 찰 한 |

'입술이 없으면 이가 시리다.'는 뜻이야. 서로 떼려야 뗄 수 없는 가깝고도 긴밀한 관계로, 한쪽이 망하면 다른 쪽도 잘못될 때 쓰는 말이지.

으하하! 완전 통쾌통쾌!
태웅

 뭐가 그렇게 통쾌해?
고사리

 형이 계속 혼자서만 게임하잖아. 그래서 엄마한테 일러바쳤지롱~
태웅

 어? 너희 일주일간 게임 금지된 거 아니었어?
고사리

 그랬지. 형이 몰래 하기에 나도 시켜 달라 그랬는데, 혼자만 하더라고. 😒
태웅

 엄마 완전 화나셨겠다. 😡
고사리

 당근이지. 콧구멍에서 바람이 쉬웅쉬웅~
태웅

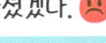 근데 엄마 화나시면 너한테도 안 좋을 텐데. 너랑 형은 순망치한 아니냐. 😄
고사리

 순망치? 뽕망치도 아니고 그건 또 뭔 소리야?
태웅

 순망치가 아니고, 순망치한! 입술이 없으면 이가 시리다는 뜻이야.
고사리

전송

## 형과 내가 공동 운명이라고?

"형, 이번에 죽으면 나도 하게 해 준다고 했잖아. 왜 형이 또 해?"

"아, 조금만 기다려. 난 어차피 금방 숙제해야 해."

태웅이는 아까부터 게임기를 독차지하고 있는 형 건웅이 옆에서 발을 동동 구르고 있었어요. 곧 엄마가 퇴근해서 돌아오실 시간인데 도대체 언제 자기 차례가 돌아올지 마음이 급해서 숨이 꼴딱꼴딱 넘어갈 듯했지요.

"삐삐삐삐. 철컥."

"엄마다!"

건웅이가 재빨리 게임기를 끄고 엄마의 화장대 서랍 속 제자리에 후다닥 집어넣었어요. 그 바람에 제 차례 돌아오기만 목 빼고 기다리던 태웅이는 금방이라도 울 듯한 표정이 되었어요. 그러거나 말거나 건웅이는 시치미를 뚝 떼고서 숙제를 하는 척 책을 들여다보고 있었어요.

'와, 완전히 연기하는 게 배우 저리 가라네. 흥, 어디 두고 보자!'

태웅이는 옷을 갈아입는 엄마 옆으로 살금살금 다가가서 속삭였어요.

"엄마, 형 방금까지 게임기 했어."

"뭐? 정말이야?"

엄마의 눈꼬리가 사정없이 치솟았어요. 그리고 서랍 속에 넣어 두었던 게임기를 꺼내 들었어요. 방금 전까지 열심히 작동되었던 게임기는 아직 열기가 남아 있었어요.

"박건웅! 너 이리 와 봐!"

엄마의 카랑카랑한 목소리에 건웅이가 쭈뼛쭈뼛 걸어왔어요. 그런 형과 눈이 마주친 태웅이는 혓바닥을 쏙 내밀고 냅다 방으로 들어왔어요.

"으하하! 완전 쌤통이다, 쌤통!"

「태웅아, 너 순망치한이라는 말도 몰라?」

고사리가 걱정스럽게 톡으로 말을 걸었어요.

「순망치? 뽕망치가 아니라 순망치? 그게 뭔데?」

「에그, 순망치한은 '입술이 없으면 이가 시리다.'는 뜻이야. 형하고 너는 입술과 이처럼 한 몸이나 다름없는데, 엄마가 화나시면 그 불똥이 너한테까지 튀지 않겠어?」

「그게 무슨 소리야? 형이 입술이고 내가 이라고?」

고사리의 말이 끝나기 무섭게 태웅이 방의 방문이 벌컥 열렸어요.

"박태웅! 너도 형이랑 같이 한 달 동안 게임 금지야! 이 녀석들이 엄마 없을 때 뭘 하고 있는지……. 어휴, 내가 늙는다, 늙어!"

엄마는 문을 쾅 닫고 쿵쾅거리며 나가셨어요.

'아, 이래서 입술과 이가 공동 운명이라는 거구나. 얌체 같은 형 때문에 내가 고생이 많다…….'

고사리가 들려주는 고사성어 이야기

# 순망치한

중국 춘추 시대 우나라에 어느 날 진나라의 사신이 찾아와서 말했어.

"전하, 저희 진나라가 우나라와 형제의 의를 맺고자 합니다. 그런 뜻으로 이 보물들을 선물하고자 합니다."

우나라 왕은 진귀한 보물들에 마음을 빼앗겨 진나라와 형제의 의를 맺기로 했어. 그러자 진나라 사신이 다시 말했어.

"실은 저희가 이번에 괵나라를 공격하고자 합니다. 저희가 괵나라를 치는데 우나라가 길을 열어 주신다면 큰 힘이 될 듯합니다. 허락만 해 주신다면 그 보답으로 더 귀한 보물들을 바치겠습니다."

우나라 왕은 귀가 솔깃했어. 하지만 우나라의 신하였던 궁지기가 크게 반대하고 나섰어.

"전하, 괵나라와 우나라는 한 몸이나 마찬가지입니다. 옛말에 '수레의 짐받이와 수레바퀴는 서로를 의지하고, 입술이 없어지면 이가 시리다.'고 했습니다. 진나라가 괵나라를 치게 길을 내주면 그다음은 우리 차례가 될 것이 분명하옵니다."

궁지기의 간곡한 충언에도 우나라 왕은 결국 진나라에게 길을 내주었어. 우나라의 도움으로 괵나라를 친 진나라는 얼마 뒤 우나라 역시 공격해서 멸망시키고 말았어. 우나라 왕은 땅을 치고 후회했지만 아무 소용이 없었지. 이렇게 우나라와 괵나라처럼 떼려야 뗄 수 없는 가깝고도 긴밀한 사이라 한쪽이 망하면 다른 쪽도 잘못될 때 '순망치한'이라는 말을 쓰는 거란다.

 **이렇게 사용해 봐!**

- 부부 사이는 **순망치한**이라더니, 남편이 안 계시니 부인이 저렇게 고생을 하는구나.
- 우리나라의 발전을 바라는 건 **순망치한**의 마음 때문이야. 우리나라가 잘 돼야 우리 국민도 잘되지.
- 우리나라와 이웃 나라들은 **순망치한**의 관계이니 서로 헐뜯지 말았으면 좋겠어.

# 지음

'소리를 알아듣는다.'는 뜻으로, 말하지 않아도 자신의 속마음을 알아주는 진정한 친구를 이르는 말이야.

수지: 고사리! 나 독심술 좀 가르쳐 줘.

고사리: 독심술? 알아내야 할 마음이라도 생긴 거야? 혹시, 짝사랑?

수지: 뭐래? 연아가 내 마음을 어찌나 잘 알아맞히는지 완전 신통방통했다니까.

고사리: 연아가 완전 네 **지음**이구나.

수지: **지음**? 그게 뭔데?

고사리: 말하지 않아도 네 속마음을 척척 알아맞히는 친한 친구를 뜻하는 말이야.

수지: 정말? 그럼 나도 연아한테 꼭 **지음**이 되고 말겠어!

전송

## 내 마음을 알아줘!

'응? 어디서 구리구리한 냄새가?'

줄넘기를 하던 연아는 콧구멍을 벌름거렸어요. 분명히 2모둠 어디선가 풍겨 오는 냄새였어요. 엄마가 늘 개코라고 부르는 연아의 후각이 어김없이 능력을 발휘하는 순간이었어요.

'누구지? 이거 분명히 고구마 먹은 방귀 냄새인데?'

휙휙 둘러보니 아까부터 다리를 배배 꼬고 안절부절못하는 수지가 눈에 들어왔어요. 수지는 얼굴이 허옇게 뜨고 식은땀까지 흘리는 것 같았어요. 평소에 잘 넘던 X자 꺾기도 한 번을 못 넘고 있었어요.

'수지가 배 아픈가 보네. 배가 아프면 화장실에 다녀온다고 하면 될 텐데……'

속으로 쯧쯧 혀를 차던 연아의 눈에 수지 옆에서 쌩쌩이를 돌고 있는 준서가 들어왔어요.

'아하, 수지가 준서 앞에서 화장실에 다녀온다고 하기 창피해서 저러는 거구먼.'

연아는 속으로 빙긋 웃음을 짓고는 선생님께 주춤주춤 다가갔어요.

"선생님, 저 배가 좀 아파서 화장실 좀……."

"그래? 혼자 가도 괜찮겠니?"

연아는 이때다 싶어 아랫배를 쓱쓱 문지르며 말했어요.

"수지가 같이 가 줬으면 좋겠는데……."

화장실에 도착해서 시원하게 볼일을 본 사람은 연아가 아닌 수지였어요. 들어갈 때와는 딴판인 표정으로 화장실을 나서는 수지가 연아에게 말했어요.

"너, 나 배 아픈지 어떻게 알았어?"

"흐흐, 다 아는 수가 있지."

"아무튼 정말정말 고맙다. 역시 너는 내 베프야!"


그날 저녁, 수지가 보낸 문자 한 통이 연아에게 도착했어요.

💬 소리만으로 마음을 읽어 주는 친구를 지음이라고 한대.

　　이제부터 너는 나의 지음이야. 나도 너의 지음이 될게.

　　내일 봐, 연아야.^^

연아는 고개를 갸웃거렸어요. 그리고 이렇게 답장을 써 보냈어요.

💬 지음은 무슨. 소리는 안 나고 냄새만 나는 방귀였으니까 걱정하지 마.

　　아무도 모를 거야.

고사리가 들려주는 고사성어 이야기

# 지음

중국 춘추 시대에 거문고를 무척 잘 타는 백아라는 사람이 살고 있었어. 백아에게는 종자기라는 친구가 있었는데, 종자기는 백아의 거문고 소리를 무척 아끼고 사랑했어.

하루는 백아가 연주하던 거문고 소리를 듣고 있던 종자기가 빙긋이 웃으며 이렇게 말했어.

"은은한 달빛이 내 몸을 감싸는 듯하구려."

종자기의 말을 들은 백아는 깜짝 놀랐어. 백아가 연주하며 떠올린 것이 바로 고향 마을의 달빛이었기 때문이지. 또 하루는 백아가 우뚝 솟은 산을 머릿속에 그리며 연주를 하자 종자기가 이렇게 말했어.

"힘차고 가파른 산이 떠오르는 곡조로세."

백아가 강을 떠올리며 연주를 하면 종자기가 잔잔한 강물에 빗대어 감탄을 하고, 거친 바다를 떠올리며 연주를 하면 어김없이 바다를 말했어. 세차게 내리는 비를 떠올리며 연주하면 빗소리를 듣는 듯하다며 감상평을 내놓았지. 백아가 무엇을 연주하든지 종자기는 그 뜻하는 바를 정확하게 알아차렸어.

"이렇게 내 소리만 듣고도 내 마음을 훤히 들여다보는 사람은 자네밖에 없네! 자네야말로 나의 진정한 친구일세."

백아는 종자기를 둘도 없는 친구로 여겨 좋은 곡조가 떠오를 때마다 종자기를 초대해 연주하길 즐겼어. 세월이 흘러 종자기가 병으로 먼저 세상을 떠나자 슬픔에 빠진 백아는 친구의 무덤 앞에서 마지막으로 거문고를 연주했어.

'아, 종자기가 세상을 떠났으니 내 소리를 알아주는 이가 세상에 아무도 없구나.'

그러고 스스로 거문고의 줄을 끊어 버린 뒤 다시는 연주하지 않았다고 해. 이때부터 백아와 종자기처럼 말하지 않아도 마음을 알아주는 참다운 친구를 '지음'이라고 불렀지.

✅ **이렇게 사용해 봐!**

- 내 뒷모습만 보고도 내 기분을 알다니, 너는 정말 내 **지음**이야.
- 평생 동안 한 사람의 **지음**을 가지는 것도 어려운 일이지.
- **지음**이라고 여겼던 친구에게 배신을 당하다니!

2장

# 일상 속
# 빛나는 깨달음

계륵 | 기우 | 사족 | 새옹지마 | 어부지리 | 조삼모사

# 계륵

鷄 肋

닭 **계**　갈빗대 **륵**

'닭의 갈비'라는 뜻으로, 그다지 큰 소용은 없지만 버리기에는 아까운 것을 가리킬 때 쓰는 말이야.

고사리! 나한테 톡 온 거 없었냐?
대오

고사리
아니, 아무것도. 무슨 연락 기다려?

준서랑 형민이가 나더러 자기 팀 골키퍼를 해 달라고 난리잖아. 이 몸은 하난데 두 팀에서 뛸 수도 없고. 정말 이놈의 인기란… 후훗!
대오

고사리
행복한 고민이네. 어느 팀으로 갈지 결정은 했어?

응. 결정했어. 그런데 금방 연락을 준다더니 왜 둘 다 연락이 없지?
대오

고사리
뭔가 좀 이상한데…. 너 혹시 계륵 된 거 아니니? 닭 계! 갈빗대 륵! 나 먹기는 싫고 남 주기는 아까운 그런 거 말야.

닭갈비가 얼마나 맛있는데 먹기 싫다는 사람도 있냐? 아, 닭갈비 먹고 싶어.
대오

고사리
고사성어를 제대로 알면 먹고 싶은 마음이 싹 사라질 텐데….

전송

### 우리 팀으로 와 줘. 제발~

"엄마, 아들이 축구 시합 나가는데 닭갈비로 영양 보충 좀 시켜 주세요. 네?"

"고기 먹고 싶다는 핑계도 가지가지다. 축구도 잘 못하면서 무슨 시합을 나간대?"

"아, 엄마. 내가 축구를 못하면 여기저기서 스카우트 경쟁을 하겠어요? 오늘 저녁은 꼭 닭갈비예요."

대오는 손가락 하트를 날리면서 현관문을 나섰어요.

대오가 태권도장으로 가는 길에는 동네 맛집으로 소문난 분식집이 있었어요. 대오는 고소한 튀김 냄새에 이끌려 코를 킁킁대다가 분식집에 줄서 있는 준서를 보았어요.

"앗! 준서야, 떡볶이 먹으러 왔어?"

"어? 대오야……."

당황하며 말끝을 흐리는 준서 옆에는 한 무리의 아이들이 있었어요. 땀에 젖은 모습 하며 흙 묻은 바지 하며 누가 봐도 운동장에서 축구를 하다 온 모양새였어요. 대오는 축구공으로 머리를 한 대 맞은 것처럼 머리가 띵해졌어요.

"뭐야? 연습할 때 부른다더니 그새 너희끼리 팀 짠 거야? 흥! 어디 잘들 해 봐라!"

준서가 뭐라고 변명하는 것 같았지만, 대오는 듣지 않고 휙 돌아서서 태권도장으로 뛰어가 버렸어요.

도장에는 형민이가 먼저 와서 아이들과 몸을 풀고 있었어요. 대오는 형민이에게 다가가 어깨동무를 하며 말했어요.

"형민아! 나 너희 팀 골키퍼 할게. 나 아니면 골문을 누가 지키겠냐? 나만 믿어."

"어? 대오야, 우리 팀 골키퍼 뽑았어. 지난번에 전학 온 키 큰 애 있지? 개가 전에 있던 학교에서 선수 하다가 왔대. 완전 거미손이야. 우리가 이번 시합에는 꼭 이겨야 하거든. 미안해. 너는 다음번에 꼭 시켜 줄게!"

"하…… 고사리가 말한 계륵이 이런 거였어? 난 닭갈비라고 엄청 좋아했더니만. 진짜 너무들 한다."

집에 돌아온 대오는 고사리와의 대화창을 열었어요.

「고사리, 나를 진짜 계륵 취급했나 봐. 날 찔러만 보고 결국 다른 애들을 뽑은 거 있지?」

「뭐야? 그 녀석들 정말 치사하네. 너 진짜 기분 나빴겠다. 그래도 기죽지 말고 파이팅이야!」

「응. 고마워. 그런데 나 당분간 닭갈비는 못 먹을 것 같아…….」

고사리가 들려주는 고사성어 이야기

# 계륵

　중국 위나라의 조조와 촉나라의 유비가 한중 땅을 차지하기 위해서 한창 싸우고 있을 때였어. 조조는 직접 군대를 이끌고 한중 땅을 되찾기 위해 나섰지만, 이미 유비의 군대가 먼저 와 그곳을 점령하고 있었어.

　조조와 유비의 군대는 서로 팽팽하게 맞선 채 기나긴 전쟁에 돌입했어. 그런데 조조의 군대는 본부로부터 너무 멀리 떨어져 있는 데다 식량도 떨어져 가고 있었어. 엎친 데 덮친 격으로 유비의 군대가 식량 보급로를 모두 막아 버려서 조조의 군대는 식량을 가지러 갈 수도 없게 되었지. 시간이 흐를수록 조조의 병사들은 굶주림을 참지 못하고 도망가는 일이 늘었어.

　조조는 진격할지 후퇴할지 고민에 빠졌어. 그러던 어느 날, 조조는 국그릇에 닭갈비가 있는 것을 보고 생각에 잠겼어. 밤이 되자 부하들이 조조에게 그날 밤의 암호를 물었는데, 조조는 '계륵'이라고 대답한 뒤 자신의 숙소로 들어가 버렸어.

　뒤에 남은 부하들은 어리둥절해서 감을 잡지 못하고 있었지. 하지만 영리하고 재주 많은 양수는 부하들에게 모두 후퇴를 준비하라고 말했어.

　"계륵이란 닭의 갈빗대가 아니오? 한중 땅은 닭의 갈빗대와 같아, 버리기는 아깝

지만 먹으려 해도 붙어 있는 살이 얼마 없으니 먹을 것도 별로 없소. 그러니 철수를 결정하신 거라 생각되오."

과연 얼마 뒤 조조는 군대에 철수 명령을 내리고 위나라로 돌아갔어.

 **이렇게 사용해 봐!**

- 엄마가 안 쓰는 게임기를 동생에게 주라고 하셔서 싫다고 했더니 게임기가 **계륵**이냐며 혀를 끌끌 찼다.
- **계륵** 취급에 충격을 받은 대오는 날마다 축구 연습을 하더니 모든 팀에서 탐내는 선수가 되었다.

# 기우

杞 나라 이름 기　　憂 근심 우

'기나라 사람의 근심'이라는 뜻으로,
쓸데없는 걱정이나 근심을 비유하는 말이야.

하윤: 내일이 음악줄넘기 발표회 날인데 너무 떨려서 잠도 안 와. 어떻게 하지?

고사리: 너 엄청 열심히 준비했잖아. 마음을 편히 하고 평소대로만 해.

하윤: 아까 리허설 때 무대에서 삐걱삐걱 소리가 얼마나 크게 났는지 알아? 무대가 폭삭 무너지는 거 같았다니까.

고사리: 그럴 때만 상상력이 풍부해진다니까.

하윤: 내일 줄넘기 순서도 다 까먹을 것 같아. 중간에 틀리면 어떻게 하지? 몰라, 몰라. 그냥 발표회가 취소됐으면 좋겠어.

고사리: 쓸데없는 걱정이 끝이 없구나. 이거야말로 기우야!

하윤: 기우가 뭐야? 기우제의 기우?

고사리: 아니. 기우제 아니고 기우!

하윤: 앗! 나 뭔가 좋은 생각이 떠올랐어!

전송

## 멀쩡한 무대가 왜 무너져?

하윤이는 잠자기 전 두 손을 꼭 모으고 간절하게 기도했어요.

"하느님, 부처님, 알라신님…… 그리고 또 누가 있더라? 도깨비? 아무튼 누구시든지 내일 줄넘기 발표회가 취소될 수 있게 비 좀 팍팍 내려 주세요. 제발요! 꼭이요!"

다음 날 아침, 눈부신 햇살에 눈을 뜬 하윤이는 땅이 꺼져라 한숨을 내쉬었어요. 그러고는 힘없이 화장실로 들어갔어요.

"꺄아악…… 엄마아아!"

갑자기 울려 퍼진 비명에 이름 모를 시커먼 벌레는 전속력으로 도망을 가 버렸어요.

"아니, 얘는 아침부터 왜 이렇게 소리를 질러? 또 변기가 넘쳤어?"

엄마가 화장실 문을 벌컥 열며 말했어요.

"아냐! 벌레까지 나오는 걸 보면 오늘 음악줄넘기는 망했어!"

"아니, 아직 공연 시작도 안 했는데 뭘 벌써 망했대? 쓸데없는 걱정 말고 밥이나 먹어. 배 속이 든든해야 줄넘기도 잘 뛰지."

하지만 하윤이는 속이 울렁울렁해서 아무것도 먹고 싶지 않았어요.

줄넘기 발표회가 열리는 체육관에는 흰 티와 청바지를 깔끔하게 맞춰 입은 아이들이 무대 뒤에서 마지막 점검을 하고 있었어요. 그러나 하윤이는 구석에서 혼자 안절부절못하고 있었지요.

"야, 김하윤! 너 왜 그러고 있어? 화장실 가고 싶어?"

옆자리에서 공연하는 윤지였어요.

"아, 아니. 윤지야, 그런데 어제 연습할 때 무대가 막 삐걱삐걱하지 않았어? 설마 공연하다가 무너지지는 않겠지?"

"멀쩡한 무대가 왜 무너져? 무대는 너만큼 튼튼하니까 걱정 마."

윤지는 킥킥대며 하윤이의 어깨를 톡톡 두드렸어요.

드디어 발표회가 시작됐어요. 아이들은 신나는 음악 소리에 맞춰 이리저리 줄을 넘기며 점프를 했어요. 마지막으로 양발을 번갈아 뛰면서 옆 사람과 자리를 바꾸는 순서가 되었어요. 순간 하윤이는 다리에 힘이 풀리면서 스텝이 꼬여 버렸어요. 어느 쪽으로 몸을 돌려야 하는지 우왕좌왕하던 그때, 윤지의 목소리가 들렸어요.

"하윤아, 이쪽!"

정신이 번쩍 든 하윤이는 윤지 쪽으로 재빨리 몸을 돌려 줄을 넘으면서 자리바꾸기를 했어요. 무사히 공연이 끝나고 하윤이는 홀가분한 마음으로 웃으며 윤지에게 말했어요.

"발표회도 별것 아니네, 하하. 그런데 왜 이렇게 배가 고프냐. 윤지야! 떡볶이 먹으러 안 갈래?"

고사리가 들려주는 고사성어 이야기

# 기우

중국 기나라에 근심 걱정을 늘 달고 사는 사람이 있었어. 그 근심이라는 게 뭐였냐면 하늘이 무너지면 어쩌나, 땅이 꺼져 버리면 어쩌나 하는 것들이었지. 점점 그 걱정이 심해져서 그 사람은 밥도 못 먹고 잠도 못 자게 되었어. 하루는 이런 모습을 안타깝게 생각한 친구가 찾아왔어.

"이보게 친구, 하늘이란 기운이 가득 쌓여 있는 것이고 기운이 없는 곳은 한 군데도 없다네. 이것은 우리가 몸을 구부렸다 폈다 하면서 숨을 쉬는 것과 마찬가지인 것이야. 그런데 어째서 하늘이 무너질 것을 걱정하는가?"

그러자 기나라 사람은 여전히 근심이 가득 찬 얼굴로 물었어.

"기운이 쌓인 것이 하늘이라면 해와 달이 떨어질 수도 있지 않은가?"

"해와 달도 기운이 쌓인 가운데 빛이 있는 것일세. 떨어진다 해도 사람을 다치게 할 수는 없을 거야."

"그러면 땅은 왜 꺼지지 않나?"

"땅이란 흙덩이가 쌓여 있는 걸세. 온 세상에 흙덩이가 가득 차 있어서 흙덩이가 없는 데가 없네. 사람들이 머물고 걷고 밟고 뛰고 하는 것도 다 흙덩이 위에서 하는 것일세. 그러니 어찌 땅이 꺼질 것을 걱정하나?"

그제야 기나라 사람은 근심을 잊고 웃으며 기뻐했어.

## ✔ 이렇게 사용해 봐!

- 외계인이 침략할까 봐 산속에 혼자 틀어박혀 살다니 **기우** 아닌가?
- 내가 공부를 너무 많이 하면 아빠와 놀아 드릴 시간이 없을 것 같아서 걱정된다고 했더니 아빠가 꿀밤을 때리면서 **기우**라고 하셨어.
- 교통사고가 무서워서 집 밖을 아예 안 나간다면 그게 **기우**야.

# 사족

'뱀을 다 그리고 나서 있지도 않은 발을 덧붙여 그려 넣는다.'는 뜻으로, 쓸데없는 군더더기를 붙여 일을 망치는 경우에 쓰는 말이야.

규민: 고사리, 너 때문에 다 망했어!

고사리: 응? 무슨 말이야? 뭐가 망했다는 거야?

규민: 네 말대로 지효한테 칭찬 작전을 펼쳤거든. 그러면 지효도 나한테 관심을 가질 거라고 했잖아.

고사리: 그랬지. 근데 뭐가 잘 안 됐어?

규민: 처음에 지효 표정이 웃을 듯 말 듯 기분이 좋은 것 같더라고. 그래서 이때다 싶어서 더더더 칭찬을 했는데….

고사리: 너 혹시 괜한 사족 붙인 거 아니야?

규민: 사족? 그게 뭔데? 난 그냥 네가 시킨 대로 한 것뿐이라고.

전송

## 딱! 멈췄어야 했는데

「고사리, 나 좀 도와줄 수 있어?」

규민이가 휴대전화로 고사리와의 대화창을 열었어요.

「당연하지! 근데 무슨 일로?」

규민이는 고사리가 자기 얼굴을 보는 것도 아닌데 괜히 얼굴이 귀까지 빨개져서는 더듬더듬 자판을 눌렀어요.

「나 말이야, 진짜진짜 좋아하는 애가 생겼거든. 지효라는 앤데…….」

규민이는 '지효'라는 이름만 쳐도 콧구멍이 벌름거리고 미소가 비어져 나오는 걸 참을 수가 없었어요. 규민이의 손가락이 허공을 맴도는 동안 대화창에 고사리의 활짝 웃는 얼굴이 떠올랐어요.

「오, 그랬단 말이지? 지효의 어떤 점이 좋은 거야?」

「엄청 귀여워. 그리고 얌전하고 착하고 노래도 잘하고…….」

규민이의 문자가 타닥타닥 끝도 없이 생겨났어요.

「아이고, 알았어, 알았어. 일단 장점이 많은 친구니까 칭찬을 많이 하면 좋겠네. 사람은 누구나 자기 칭찬해 주는 사람한테 좋은 감정이 생기는 법이거든.」

「칭찬? 오케이, 알았어!」

다음 날이 되었어요. 규민이는 아침부터 지효 주위를 빙빙 맴돌았어요. 오늘따라 양 갈래로 머리를 땋고 귀여운 꽃무늬 원피스를 입고 온 지효가 규민이 눈에 더 예뻐 보였어요.

'칭찬, 칭찬! 얼른 타이밍을 잡아야 하는데.'

하루 종일 지효 꽁무니를 졸졸 쫓아다니던 규민이에게 드디어 기회가 찾아왔어요. 급식 시간이 끝난 뒤 물을 마시고 있는 지효 곁에 마침 친구들이 아무도 없었던 거예요.

"지효야, 너 오늘 옷이 이쁘다."

규민이가 불쑥 다가와 말을 걸자 물을 마시던 지효가 움찔 놀라는 것 같았어요.

"헤어스타일이랑도 엄청 잘 어울려."

"어, 고마워."

갑작스러운 칭찬에 지효가 보일 듯 말 듯 미소를 지었어요.

'아싸! 지효가 날 보고 웃었어! 좀 더 강력한 한 방이 필요해!'

규민이는 이때다 싶어 더 목소리를 높였어요.

"너는 치마가 진짜 잘 어울리는 것 같아! 바지 입으면 다리가 되게 짧아 보이는데, 치마 입으니까 다리 짧은 줄 아무도 모를 것 같아!"

다음 순간 지효의 얼굴에 미소가 싹 사라졌어요. 그리고 그날 학교를 마칠 때까지 규민이는 지효의 눈조차 마주칠 수 없었어요.

「어떡해, 이제?」

규민이가 고사리에게 울상이 가득한 이모티콘을 보냈어요.

「에고, 네가 괜한 사족을 붙여서 일이 엉망이 됐네.」

「사족이 뭔데 아까부터 자꾸 얘기해? 내가 지효가 좋아서 사족을 못 쓴다는 뜻이야?」

「그게 아니고, 뱀 사! 발 족! 사족이란 말은 괜히 쓸데없는 말을 덧붙여서 일을 망쳤다는 뜻이야. 어휴, 어떡하냐?」

「몰라, 몰라! 네 말대로 했다가 완전 망했으니까 네가 다 책임져!」

고사리가 들려주는 고사성어 이야기

# 사족

    중국의 수많은 나라가 힘을 겨뤘던 전국 시대에 '초'라는 나라가 있었어. 초나라는 위나라를 물리치고 그 기세를 몰아 제나라까지 쳐들어갈 참이었어. 이때 진나라의 사신이었던 진진이라는 사람이 초나라의 재상인 소양을 찾아와 말했어.

    "위나라를 이긴 뒤 재상께서는 어떤 벼슬을 얻으셨습니까?"

    "최고 사령관이었다가 재상이 됐다오."

    "그럼 제나라를 물리치면 어떻게 됩니까?"

    "글쎄, 재상보다 높은 벼슬은 없소만."

    그러자 진진이 다음과 같은 이야기를 들려줬어.

    "옛날 어느 집 주인이 뱀을 잘 그린 하인에게 귀한 술을 내리겠다고 했답니다. 하인들은 모두 열심히 뱀을 그렸지요. 특히 그중 그림 솜씨가 뛰어난 하인이 있었는데 역시나 일찌감치 뱀 그림을 완성했어요. 그런데 주위를 둘러보니 아직도 다른 하인들은 그림을 그리느라 여념이 없단 말입니다. 그래서 하인은 더 완벽한 그림을 그린다며 멋들어지게 발까지 그려 넣었지요. 그러자 그림을 본 주인이 이렇게 말했다고 합니다. '나는 뱀을 그리라고 했는데 너는 발이 있는 동물을 그렸구나. 너는 이 술을 받을

자격이 없다.'"

이야기를 듣고 생각에 잠긴 소양에게 진진이 말했어.

"위나라를 친 데 그치지 않고 제나라까지 무리하게 공격하다 패하면, 멈출 때를 알지 못하고 뱀의 발을 그린 어리석음과 무엇이 다르겠습니까?"

크게 깨달은 소양은 당장 군대를 철수했다고 해. 쓸데없는 군더더기를 붙여 일을 망치는 '사족'의 어리석음을 피한 결과겠지?

 **이렇게 사용해 봐!**

- 사과할 때는 간결하게 하는 게 최고야. 사족을 붙이면 도리어 역효과지.
- 변명을 하다 보면 자꾸 사족을 달게 돼.
- 이 편지의 마지막 부분은 사족 같은데?

# 새옹지마

'변방 늙은이의 말'이라는 뜻으로, 앞날의 좋고 나쁨이 계속 바뀌어 세상일을 미리 헤아리기 어렵다는 의미야.

으아, 망했어, 망했어! 고사리, 나 위로가 필요해.
희준

고사리
오늘 반 배정 나온다더니 잘 안 됐구나. 원하던 대로 안 된 거야?

어차피 우리 사총사가 다 같은 반일 수는 없다고 생각했는데….
희준

고사리
그런데?

나만 다른 반이야. 흑흑! 나 빼고 셋은 같은 반이라고!
희준

고사리
아이코, 어째 그런 일이…. 그래, 진짜 진한 위로가 필요하겠다.

이제 좋은 시절은 다 갔어. 앞으로 일 년은 완전 망했다고!
희준

고사리
에이, 희준아. 인생사 **새옹지마**라는 말도 있잖아. 속상한 일 뒤에는 좋은 일도 있기 마련이야. 기분 풀어!

새옹인지 야옹인지 난 모르겠고, 그냥 좀 혼자 있고 싶다….
희준

전송

## 나만 다른 반이라니?

"희준아! 몇 반 됐어?"

"너는 몇 반이야?"

"그러지 말고 우리 넷이 한꺼번에 몇 반 됐는지 펼쳐 보이기로 하자."

희준이네 사총사는 떨리는 마음으로 반 배정표를 가슴에 품었어요. 1학년 때 같은 반이 되어 베프 사총사가 된 뒤로 이제까지 한 번도 같은 반이 된 적이 없는 넷이었어요. 같은 반이 아니어도 축구 클럽이며 놀이터며 함께 모여 다니는 친구 사이였지만, 다시 같은 반이 되면 왠지 더 친밀하게 느껴질 것 같았어요.

"하나, 둘, 셋!"

사총사의 손에서 펼쳐진 네 개의 숫자 중 셋은 '3', 하나는 '1'이었어요.

"와아!"

'3'으로 뭉쳐진 세 명의 친구들은 올림픽 금메달이라도 딴 듯 얼싸안고 방방 뛰었어요. '1'이라고 쓰인 배정표를 들고 있는 희준이만 부러운 눈으로 세 친구를 바라보았어요.

"희준아, 괜찮아. 중간 놀이 시간마다 만나면 되잖아."

친구들은 희준이의 어깨를 토닥이며 위로하면서도 세 사람은 같은 반이 되었다는 기쁨으로 스멀스멀 비어져 나오는 미소를 어쩔 수 없었어요.

「망했어, 망했어!」

희준이는 집에 와서 고사리에게 푸념을 늘어놓았어요. 이러려면 차라리 다 찢어지든가, 외톨이처럼 혼자만 다른 반이 되었다는 현실이 너무나 속상했어요.

「희준아, 인생사 새옹지마라는 말도 있잖아. 너무 속상해하지 마. 너한테도 뭔가 신나는 일이 기다리고 있을 거야.」

「아까부터 무슨 인생사가 새옹인지 야옹인지라는 거야?」

「야옹이가 아니고, 새, 옹, 지, 마! 변방에 사는 어떤 노인의 말이란 뜻인데, 좋은 일이 있으면 나쁜 일도 있고 나쁜 일이 있으면 좋은 일도 생긴다는 말이야.」

알쏭달쏭한 고사리의 말은 희준이에게 전혀 위로가 되지 않았어요. 반 배정표의 '1'이라는 숫자가 홀로 남겨진 희준이의 모습인 듯 외롭게 느껴졌어요.

하지만 새 학년이 되어 새 교실에 들어서는 순간, 희준이는 고사리의 말을 떠올릴 수밖에 없었어요. 사총사가 짝사랑하던 천사 여신 혜연이가 1반 교실에 앉아 있는 게 아니겠어요?

'오호! 고사리가 말한 새옹지마가 이런 거구나! 친구들아, 미안. 올해는 우정 대신 사랑이다!'

**고사리가 들려주는 고사성어 이야기**

# 새옹지마

중국 북쪽의 변방 마을에 한 노인이 살고 있었어. 그런데 어느 날, 노인이 기르던 말 한 마리가 고삐를 끊고 국경을 넘어 도망쳐 버렸어. 마을 사람들은 노인을 찾아와 위로했지. 하지만 노인은 담담한 목소리로 말했어.

"별일 아니라오. 이 일이 복이 될지 누가 알겠소?"

몇 달 뒤, 과연 도망쳤던 노인의 말은 멋진 말 한 마리와 짝을 이뤄 다시 노인의 집으로 돌아왔어. 마을 사람들은 신기해하며 축하했어. 하지만 이번에도 노인은 대수롭지 않게 대꾸했어.

"글쎄올시다. 이 일이 화가 될지 아무도 모르는 일 아니겠소?"

노인에게는 아들이 한 명 있었는데 아들은 말타기를 무척 좋아했어. 하루 종일 새로 생긴 멋진 말을 타며 보내는 시간이 많았지. 그러던 어느 날, 말에서 떨어진 아들은 다리를 심하게 다치고 말았어. 결국 평생 다리를 절며 지내게 된 아들을 보고 마을 사람들이 노인을 위로했어. 노인은 조용히 미소를 지으며 대답했어.

"괜찮소. 이 일이 복이 될지도 모르는 일이지요."

일 년 뒤, 북쪽 오랑캐가 쳐들어와 전쟁이 나자 나라의 젊은이들은 모두 전쟁터에

끌려갔어. 전쟁에 나간 젊은이들은 대부분 목숨을 잃었어. 아들을 전쟁에 내보낸 집집마다 울음소리가 그치지 않았어. 하지만 다리가 부러져 전쟁에 끌려가지 않은 노인의 아들은 목숨을 지킬 수 있었지.

　이렇게 세상 모든 일은 나쁘다가도 좋아지고, 좋다가도 나빠질 수 있단다. 변방 노인의 말이 좋은 일도, 나쁜 일도 가져다준 것처럼 말이야.

 **이렇게 사용해 봐!**

- 복권에 당첨되어 기뻐하더니 오히려 상금 때문에 삶이 불행해지다니 정말 새옹지마가 따로 없군.
- 소설 《해리포터》를 지은 작가 조앤 롤링은 가난 때문에 글을 쓰기 시작해서 대작가가 되었으니 새옹지마 아니겠어?
- 그 가수는 원래 운동선수였다가 부상 때문에 운동을 그만두고 가수가 되어 성공했대. 정말 새옹지마지?

# 어부지리

| 漁 | 夫 | 之 | 利 |
|---|---|---|---|
| 고기 잡을 어 | 사내 부 | 어조사 지 | 이로울 리 |

'어부의 이로움'이란 뜻으로, 두 사람이 싸우는 동안 엉뚱한 제삼자가 이익을 얻는다는 말이야.

아, 정말 시끄러워 죽겠어. 고사리 너는 울 엄마랑 누나가 싸우는 소리가 안 들려서 좋겠다.  정빈

 고사리 응? 엄마랑 누나가 왜 싸우는 건데?

몰라. 예전엔 그러지 않았는데 누나가 중학생이 된 뒤로는 두 사람이 얼굴만 보면 으르렁대.  정빈

 고사리 으… 엄마랑 누나 사이에서 살얼음판 걷는 기분이겠다. 😨

아냐. 엄마는 화가 나서, 누나는 휴대전화만 보느라 나한테 잔소리할 겨를이 없거든. 그래서 아주 좋아! 😄  정빈

 고사리 오호, 이거야말로 어부지리잖아.

뭐? 어부가 뭘 한다고?  정빈

 고사리 어부지리란 조개와 도요새가 싸우는 사이에 어부가 이익을 얻었다는 데서 나온 고사성어야.

어부의 이익? 🙂  정빈

전송

## 고래 싸움에 배 터진 날

"엄마는 아무것도 모르면서!"

"엄마가 모르긴 뭘 몰라. 성장기에 있는 애가 다이어트가 웬 말이야?"

밥을 안 먹겠다는 누나와 무슨 일이 있어도 밥은 꼭 먹어야 한다는 엄마의 팽팽한 기 싸움은 아직도 진행 중이었어요.

'후유, 도대체 누나는 왜 저녁밥을 안 먹겠다는 거야? 나는 하루 중에 저녁밥이 제일 기대되는데. 오늘은 엄마가 뭘 주실까 너무 궁금하다.'

정빈이는 저녁밥을 상상하기만 해도 입안에서 침이 가득 고였어요.

"정빈아, 어서 나와서 저녁 먹어."

엄마의 부름에 정빈이는 쏜살같이 식탁으로 달려갔어요. 식탁에는 고기를 굽는 전기 불판이 나와 있고, 그 옆에는 먹음직스러운 선홍빛 고기가 놓여 있었어요.

"우아, 엄마 이거 무슨 고기야? 엄청 맛있어 보여."

정빈이가 엄마를 향해 흥분된 목소리로 물었어요.

"딱 보면 몰라? 1등급 한우잖아. 너희 누나가 허구한 날 다이어트한다고 굶는 통에 쓰러질까 봐 엄마가 큰맘 먹고 사 온 거야. 그러니까 누나 좀 먹게 정빈이 너는 너무 많이 먹지 마. 넌 너무 먹어서 탈이니까."

엄마는 그렇게 말하더니 본격적으로 고기를 굽기 시작했어요. 서운한 마음도 잠시, 고기에서 눈을 떼지 못하는 정빈이와 달리 누나는 고기에는 눈길도 주지 않고 휴대전화만 들여다보고 있었어요. 그 모습을 못마땅한 눈으로 보던 엄마는 누나를 향해 속사포 같은 잔소리를 쏟아부었어요.

"너는 손바닥에 자석이라도 붙어 있니? 어떻게 휴대전화가 24시간 손바닥에서 떨어지질 않아? 밥 먹을 때나 잠잘 때나 휴대전화만 보고 있으니 눈이 안 나빠지고 배겨?"

"24시간? 학교에서 수업 시간 전에 휴대전화 걷었다가 수업 끝나면 돌려주는데 내가 어떻게 휴대전화를 24시간 해? 엄마는 말도 안 되는 억지만 부려."

"뭐? 엄마가 억지를 부린다고? 너 엄마한테 그런 식으로 말할 거야?"

엄마는 고기를 굽던 집게도 내려놓고 누나와 2차전에 돌입했어요.

'아, 시끄러워. 다들 고기에는 관심이 없네. 그럼 나라도 많이 먹자.'

정빈이는 부지런히 고기를 입속으로 넣었어요. 그러다 슬쩍 엄마의 집게를 가져다가 나머지 고기도 구워 가며 실컷 먹고 있었어요. 갑자기 엄마의 놀란 소리가 들렸어요.

"어머머, 그 많던 고기가 다 어딜 간 거야?"

정빈이는 입안 가득 고기를 우물대며 자신의 통통한 배를 자랑스레 가리켰어요.

### 고사리가 들려주는 고사성어 이야기
# 어부지리

　중국의 연나라는 서쪽으로는 조나라와 남쪽으로는 제나라와 이웃하고 있었어. 연나라는 조나라와 제나라의 끊임없는 위협에 시달리고 있었지. 어느 해, 연나라에 가뭄이 들자 조나라가 쳐들어오려고 했어. 그때 연나라는 군사들을 제나라에 보내 싸우고 있었기 때문에 조나라가 쳐들어오면 막을 방법이 없었어.

　연나라의 소왕은 조나라의 침략을 막기 위해 소대라는 사람에게 조나라의 왕을 설득해 달라고 부탁했어. 조나라의 혜문왕을 찾아간 소대는 이렇게 이야기했어.

　"제가 조나라로 오면서 강을 건너게 되었습니다. 그런데 조개가 강가에 나와 입을 벌리고 햇볕을 쬐고 있더군요. 지나가던 도요새가 조개를 보더니 조갯살을 쪼아 먹으려고 덤벼들었습니다. 깜짝 놀란 조개는 도요새의 부리를 꽉 물었고, 조개와 도요새는 한 치의 양보도 없이 싸웠습니다. 때마침 그 옆을 지나가던 어부가 그 모습을 보고는 조개와 도요새 둘을 한꺼번에 잡아 기뻐하며 돌아갔습니다. 지금 조나라가 연나라를 공격한다면 이웃에 있는 제나라가 이 어부처럼 이익을 가져가게 될 것입니다. 그러니 부디 다시 생각해 주시옵소서."

　조나라의 왕은 소대의 말을 받아들여 연나라를 치려던 계획을 그만두었다고 해.

###  이렇게 사용해 봐!

- 쇼트트랙 경기에서 앞서 오던 첫 번째와 두 번째 선수가 부딪히는 바람에 세 번째로 오던 선수가 **어부지리**로 금메달을 땄어.
- 민호와 재경이가 회장 선거 운동을 하다가 상대방을 헐뜯고 심하게 싸우는 바람에 다른 후보가 **어부지리**로 회장이 되었대.

# 조삼모사

| 朝 | 三 | 暮 | 四 |
|---|---|---|---|
| 아침 조 | 셋 삼 | 저녁 모 | 넷 사 |

'아침에 세 개, 저녁에 네 개'라는 뜻으로,
얕은꾀로 남을 속일 때 쓰는 말이야.

진수: 야호! 나 진짜 전학 오기 잘한 것 같아.

 고사리: 어라? 친구들이랑 헤어지기 싫다고 울고불고할 땐 언제고? 혹시 학교 급식에 매일 치킨이라도 나오는 거야?

 진수: 오! 진짜 그렇게 되면 대박인데. 그건 아니고 우리 학교는 이번 연휴에 8일이나 쉬는데 지난 학교 내 친구들은 겨우 4일밖에 안 쉰다잖아.

 고사리: 아이고, 난 또 뭐라고. 어차피 학교 가는 날 수는 정해져 있어. 그 대신 너희 학교는 다른 연휴에 적게 쉬거나 방학이 짧을걸?

 진수: 몰라몰라! 그건 그때 일이고 일단은 이번 연휴에 쭈우욱 놀아서 아싸리 뽕뽕이다!

 고사리: 에그그, **조삼모사**에 나오는 원숭이가 따로 없구먼. 😒

전송

## 어차피 결과는 똑같은걸

💬 우리 학교는 다음 주에도 계속 쉰다.

💬 와, 좋겠다! 나도 너희 학교로 전학할래.

💬 오~ 언제든 환영! 너랑 태형이랑 다 와라. 삼총사 다시 합체하자.

진수는 전학 오기 전 단짝 친구였던 원준이에게 문자를 보내며 낄낄거렸어요. 화창한 봄날 일주일 넘게 학교를 쉬면서 빈둥거릴 생각을 하니 생각만 해도 콧구멍이 벌름거릴 만큼 신났어요.

'학교 안 갈 때 뭐 하고 놀까? 어차피 아빠와 엄마는 회사 가시니까 나 혼자 집에서 실컷 늦잠 자고 하루 종일 게임이나 하면 되겠다. 으하하!'

아직 새로 사귄 친구들이 없어서 야구나 축구를 할 수 없는 게 아쉬웠지만, 엄마의 잔소리 폭탄을 들으며 억지로 아침을 맞지 않는 것만으로도 날아갈 것 같았어요.

💬 야, 뭐 하냐? 난 이제 일어났는데.

💬 몇 교시 남았어? 아직도 세 시간은 더 있어야겠네? 수고해라~ ㅋㅋ

진수는 태형이와 원준이에게 번갈아 문자를 보내며 일주일을 보냈어요. 학교가 끝나고 문자 폭탄을 열어 본 태형이와 원준이의 부러워하는 표정이 눈에 보이는 것 같았어요.

「진수야, 너 지금 조삼모사가 따로 없다니까.」

고사리와의 대화창에 '띠링' 알림이 울렸어요.

「조삼모사가 뭐삼? 먹는 거삼?」

「아침에 세 개, 저녁에 네 개 받아먹는 도토리나 아침에 네 개, 저녁에 세 개 받아먹는 도토리나 결국은 똑같단 얘기야. 지금 학교 쉬는 날이 많다고 좋아할 일이 아니라고.」

「뜬금없이 웬 도토리? 난 도토리는 노땡큐네요~」

시간이 흘러 여름 방학을 며칠 앞둔 어느 날이었어요. 아침 등굣길부터 땀샘이 폭발한 진수가 힘겹게 걸음을 옮기고 있을 때였어요. 진수의 주머니 속에서 휴대전화가 부르르 몸을 떨었어요.

'에잇 참, 더운데 아침부터 누구야?'

진수는 땀으로 끈적끈적해진 손으로 휴대전화를 꺼냈어요. 펼쳐진 화면 속에는 태형이와 원준이가 파자마 바람으로 시원한 수박을 먹는 사진이 떠 있었어요. 곧이어 다시 진동이 울렸어요.

💬 진수야. 우린 어제 파자마 파티 했다.

아 참, 너희 학교는 아직 방학 아니지? 아이코. 미안. ㅋㅋ

진수는 휴대전화 화면 속 친구들의 모습에 한숨을 푹 내쉬었어요.

'고사리가 말한 조삼모사라는 게 이런 거구나. 어휴, 그때 괜히 약을 올려서······.'

고사리가 들려주는 고사성어 이야기

# 조삼모사

중국 송나라 때 저공이란 사람이 살았어. 그는 원숭이를 무척 사랑해서 집에서 여러 마리를 키우고 있었지. 그런데 정성껏 보살피고 먹이다 보니 점점 원숭이의 수가 많아지게 되었어. 불어난 원숭이들에게 줄 먹이를 구하기가 힘들어지자 저공은 난감해졌어. 그러다 한 가지 꾀를 내었지. 어느 날, 저공이 원숭이들을 모아 놓고 말했어.

"앞으로 너희들에게 아침에는 도토리 세 개, 저녁에는 도토리 네 개를 먹이로 주겠다. 괜찮겠느냐?"

원숭이들은 저공의 이야기에 이리저리 날뛰며 소리를 질렀어. 아침에 도토리 세 개로는 부족하다는 뜻이었어. 원숭이들의 소란에 저공은 손을 휘휘 저으며 말했어.

"알겠다, 알겠다. 그럼 아침에는 도토리 네 개, 저녁에는 도토리 세 개를 주면 어떻겠느냐?"

저공의 말에 원숭이들은 박수를 치며 끽끽댔어. 저공은 속으로 웃음을 삼켰어. 곰곰이 생각해 보면 '아침에 세 개, 저녁에 네 개'와 '아침에 네 개, 저녁에 세 개'는 같은 양이었거든. 어리석은 원숭이들이 당장의 차이만 보고 결과가 같은 것은 생각하지 못했던 거지.

이때부터 얕은꾀로 남을 속이거나, 그런 꾀에 속아 넘어가는 어리석은 경우를 두고 '조삼모사'라고 말했다고 해.

 **이렇게 사용해 봐!**

- 마트의 할인 코너는 조삼모사일 때가 많아. 쓸데없는 걸 많이 사게 되거든.
- 입구 가까이에 주차했다고 좋아할 거 없어. 출구에선 머니까 조삼모사야.
- 어린이날은 숙제 없다고 좋아했더니 다음 날 두 배라니……. 조삼모사가 따로 없구나.

# 3장

# 성공을 부르는 마음가짐

군계일학 | 맹모삼천 | 삼고초려 | 와신상담 | 화룡점정

# 군계일학

'닭의 무리 속에 있는 한 마리의 학'이라는 뜻으로, 평범한 많은 사람 가운데 뛰어난 한 사람을 일컫는 말이야.

은성: 우리 아빠는 정말 못 말려. 😫

고사리: 왜?

은성: 내가 운동회에서 달리기를 꼴등했거든. 그 뒤로 나만 보면 땅이 꺼져라 한숨을 쉬시는 거 있지?

고사리: 어쩌다가 꼴등을 했어? 😱

은성: 멍 때리고 있다가 늦게 출발했지 뭐야….

고사리: 부모님들은 자식이 늘 **군계일학**이길 바라시잖아. 네가 이해해 드려.

은성: 군개이락?

고사리: **군계일학**! 닭 무리 속의 한 마리 학이란 뜻이야. 무슨 뜻인지 느낌 알겠지?

은성: 흠흠. 닭 얘기하니까 갑자기 치킨이 먹고 싶네. 프라이드? 양념? 뭐가 좋을까?

고사리: 이런…. 😢

전송

## 게임만큼은 내가 최고!

"은성아, 아빠 어디 계시니?"

텃밭에서 김을 매고 돌아온 엄마는 아빠부터 찾으셨어요.

"모르겠는데요. 아까부터 안 보이셨어요."

은성이는 컴퓨터 모니터에서 눈을 떼지 않고 건성으로 대답했어요.

"닭장 청소하고 달걀 좀 걷어 오라고 한 지가 언젠데 아직도 함흥차사야."

엄마의 핀잔이 끝나자마자 현관문이 스윽 열리더니 아빠가 풀 죽은 모습으로 들어왔어요.

"닭장에 가 보라니까 안 가고, 어디 갔다 온 거예요?"

"어, 그게…… 구, 구름이가 심심해하길래 산책 좀 시켜 주고 왔어."

아빠는 당황하면 말을 더듬는 버릇이 있었어요. 은성이는 자기 발 옆에서 침을 질질 흘리며 개 껌을 물어뜯고 있는 구름이를 쳐다보며 한숨을 포옥 쉬었어요. 엄마의 눈꼬리가 치켜 올라가는 게 상상이 되었거든요.

"당신, 은성이 방으로 좀 가 봐요. 얼른."

아빠는 무슨 일인가 하는 표정으로 은성이 방으로 향했어요. 그런데 아빠의 시선은 강아지 구름이가 아닌 컴퓨터 화면에 멈췄어요. 컴퓨터 화면의 맨 위에는 'Rank.1 아임킹왕짱'이라는 글자가 번쩍번쩍 빛나고 있었고, 그 밑으로 2등부터 30등까지 가지각색의 닉네임이 줄지어 표시되어 있었어요. 아빠는 쏜살같이 모니터 앞으로 뛰어가 화면을 뚫어지게 보다가 은성이를 바라보며 말했어요.

"은성아! 설마 네가 '아임킹왕짱'님이었어? 조금 전에 놀라운 실력으로 내 랭킹 1위를 탈환해 간 그 킹왕짱님?"

"엥? 그럼 아빠가 '실버스타'님이에요?"

"그래. 아빠가 실버스타야! 아하하, 우리 은성이가 킹왕짱님이라니 정말 믿기지 않는구나."

아빠가 은성이를 얼싸안으면서 등을 어찌나 세게 두드렸는지 은성이는 쿨럭쿨럭 기침이 나올 지경이었어요.

"아빠, 그럼 좀 전까지 게임하고 계셨던 거예요?"

은성이는 엄마의 눈치가 보여 모깃소리만 한 목소리로 물었어요.

"으응, 아빠가 창고에 엄마 몰래 낡은 컴퓨터 한 대를 설치해 놨거든."

아빠는 은성이의 귀에 대고 속삭이더니 이내 엄지를 척 올리며 말했어요.

"하하하. 우리 은성이가 역시 군계일학이었어. 그 수많은 사람을 제치고 랭킹 1위라니. 내 아들, 정말 자랑스럽다!"

"그거 보세요. 제가 달리기는 좀 못해도 게임 하나는 잘하죠?"

"응응. 인정! 그런 의미에서 우리 한 판 더 붙어 볼까?"

고사리가 들려주는 고사성어 이야기

# 군계일학

중국 진나라 때 함께 모여 학문을 닦는 일곱 선비가 있었어. 이들을 가리켜 '죽림칠현'이라고 불렀는데, 그중 한 사람이 바로 혜강이야. 혜강은 문학과 음악에 뛰어난 재능을 보였는데, 얼마 뒤 억울한 누명을 쓰고 처형을 당하게 됐어. 그때 그의 자식인 혜소는 겨우 열 살이었어. 혜소는 아버지의 친구였던 산도의 집에서 자라게 되었지. 혜소는 자라면서 아버지의 모습을 많이 닮아 갔어.

어느 날, 산도는 진나라의 왕 무제에게 혜소를 추천하면서 이렇게 말했어.

"《서경》에 아버지의 죄는 아들에게 미치지 않으며, 아들의 죄는 아버지에게 미치지 않는다고 했습니다. 혜소는 혜강의 아들이지만 그 재주가 매우 뛰어나니 그에게 비서랑의 관직을 내려 주십시오."

이를 들은 무제는 산도의 말을 받아들여 혜소를 비서랑보다도 높은 비서승에 임명했지.

혜소가 진나라의 수도 낙양에 처음 들어갔을 때 이를 본 어떤 사람이 죽림칠현의 한 사람인 왕융에게 찾아가 말했어.

"어제 많은 사람 속에서 혜소를 보았습니다. 그 뛰어난 모습이 마치 닭 무리 속에

한 마리 학이 있는 듯했습니다."

나중에 혜소는 그 뛰어난 재주를 인정받아 시중이란 높은 직책으로 승진해서 왕을 잘 보필했다고 해.

### ✔ 이렇게 사용해 봐!

- 누가 뭐래도 달리기할 때만은 장난꾸러기 영민이가 **군계일학**이야.
- 이번 축제에서는 노래와 춤으로 단번에 시선을 끈 서영이가 **군계일학**이더라.

# 맹모삼천

| 孟 | 母 | 三 | 遷 |
|---|---|---|---|
| 맏이 맹 | 어머니 모 | 셋 삼 | 옮길 천 |

'맹자의 어머니가 아들의 교육을 위해 세 번이나 이사했다.'는 뜻으로, 교육에 있어서 주위 환경이 중요하다는 말이야.

아, 진짜 심각해.

은비

 무슨 일이야? 

고사리

내가 방송국 근처로 이사하자고 몇 번이나 얘기했는데 엄마가 들은 체도 안 하셔.

은비

 나중에 방송국에서 일하려고? 아님 연예인이 꿈이야? **맹모삼천**이라잖아. 잘 말씀드리면 들어주실 거야.

고사리

무슨 소리니? 방송국 옆으로 이사 가서 아이돌 오빠들 매일 보려는 거야!

은비

 뭐? 

고사리

엄마 오셨나 봐. 오늘은 꼭 대답을 듣고 말겠어. 그럼 이만~

은비

전송

## 방송국 옆에 살고 싶어!

"은비야, 방에 있니?"

현관문 열리는 소리와 함께 엄마의 목소리가 들렸어요.

"엄마!"

은비는 한달음에 거실로 뽀르르 달려 나갔어요.

"엄마, 제가 말한 거 생각해 보셨어요? 이사 가자고 한 거 말이에요."

엄마 앞에서 콩콩 뛰며 재촉하는 은비를 쳐다보며 엄마가 물었어요.

"은비야, 갑자기 이사는 왜? 너 혹시 학교에서 무슨 일 있는 거야?"

"아니에요, 그런 거."

심각해진 엄마의 표정을 보고 은비가 고개를 저었어요.

"내가 좋아하는 아이돌 오빠들을 자주 보려면 어떻게 해야 하냐고 인터넷에 물어보니까 방송국 근처로 이사를 가면 된다고 나오길래……."

"뭐? 아이돌 오빠들?"

"매일 방송국에 가서 오빠들을 응원할 거예요. 그러려면 방송국 가까이 살아야죠."

의기양양하게 말하는 은비를 보며 엄마가 못 말리겠다는 듯 혀를 끌끌 찼어요. 그러고는 은비의 손을 살포시 잡으며 물었어요.

"은비야, 너는 우리 동네가 마음에 안 들어?"

"어? 그런 건 아닌데요……."

"그래? 그러면 우리 동네의 좋은 점 한번 말해 볼래?"

"우리 동네는 공원도 가깝고 놀이터도 많아서 친구들이랑 매일 놀 수 있어서 좋아요."

"바로 그거야. 은비 네가 어렸을 때 아토피가 아주 심해서 엄마, 아빠는 그것 때문에 고민이 많았어. 이사를 결심하고 여러 동네를 가 봤는데 지금 이곳이 제일 마음에 들었지. 숲에 둘러싸인 동네라 공기가 좋아서 네가 건강하게 뛰어놀 수 있는 환경이라고 생각해서 이사를 온 거야."

은비는 고개를 끄덕이며 말했어요.

"저도 우리 동네가 좋긴 해요. 하지만 방송국에서 아이돌 오빠들도 꼭 보고 싶은데……."

입에 바람을 가득 불어넣어 뿌루퉁해진 은비의 볼을 살그머니 꼬집으며 엄마가 말했어요.

"엄마가 오빠들 콘서트 하면 꼭 데리고 가 줄게. 대신 공부도 운동도 열심히 하는 거다!"

"우아, 우리 엄마 최고! 고사리가 맹모삼천이라고 했는데, 엄마한테 꼭 삼천 원짜리 선물해 줄게요!"

"아휴, 맹모삼천은 그런 뜻이 아냐. 은비야, 책 좀 읽자!"

고사리가 들려주는 고사성어 이야기
# 맹모삼천

옛날 중국 전국 시대에 맹자와 그 어머니가 살고 있었어. 맹자의 어머니는 자식 교육에 남다른 열의를 가지고 있는 사람이었어. 처음에 맹자는 공동묘지 근처에 살고 있었는데, 마을 아이들과 매일 땅을 파고 무덤 만드는 흉내를 내며 놀았어. 그 모습을 본 맹자의 어머니가 깊은 한숨을 쉬며 생각했지.

'공동묘지 근처에 살고 있으니 아이가 매일 무덤만 만들고 노는구나.'

맹자의 어머니는 묘지 근처를 떠나기로 결심하고, 시장 근처로 집을 옮겼어. 그러자 맹자는 매일같이 시장 아이들과 장사 놀이를 하며 놀았어.

어느 날, 맹자의 어머니는 일을 일찍 마치고 돌아오는 길에 맹자가 박수를 치며 커다란 목소리로 흥정하는 소리를 들었어.

"쌉니다, 싸요. 다 팔고 몇 개 안 남았으니 떨이로 다 가져가시오."

이를 지켜보던 맹자의 어머니가 맹자를 불렀어.

"맹자야, 오늘은 공부 먼저 하기로 약속하지 않았니? 어째서 이 시간에 밖에서 놀고 있느냐?"

"어머니, 죄송해요. 공부를 하려고 막 책을 폈는데 밖에서 친구들이 놀자고 부르

는 바람에……."

맹자가 쭈뼛쭈뼛하며 대답했어.

"책 읽기를 소홀히 하고 매일 놀기만 하니 너를 어떻게 해야 좋을지 모르겠다."

"하지만 어머니, 모두 돈이 최고라는데 왜 걱정을 하세요? 저는 돈을 많이 벌어서 꼭 부자가 될 거예요."

꾸밈없이 속마음을 말하는 맹자를 보며 어머니는 속으로 생각했어.

'시장 근처에서 살다 보니 돈이 제일이라고 생각하게 됐구나. 이곳도 아이를 교육시키기에 적당한 곳이 아니다.'

얼마 뒤, 맹자의 어머니는 또 이사를 했어. 세 번째 구한 집은 마을의 서당 근처에 있었어. 이곳에서는 매일 서당 아이들의 글 읽는 소리가 들렸지. 맹자는 아이들과 어울려 날마다 책을 펴고 글을 읽는 서당 놀이를 했어. 그제야 맹자의 어머니는 흐뭇한 미소를 지을 수 있었어.

'이제야 우리 맹자를 잘 교육시킬 수 있는 곳을 찾았구나. 이곳에서는 맹자가 학문에 힘쓸 수 있겠어.'

그 이후로 더더욱 열심히 공부한 맹자는 중국의 대학자가 되어 지금까지도 이름이 전해지고 있어. 이렇듯 맹모삼천은 맹자의 어머니가 자식을 교육하기에 좋은 환경으로 옮겨 다닌다는 데서 생겨난 말이야. 이후로는 맹자의 어머니처럼 자녀 교육에 대한 열정을 가지고 힘을 쏟는 부모를 일컫는 말로 널리 쓰이게 되었어.

 **이렇게 사용해 봐!**

- 우리 부모님은 나를 야구 선수로 키우려고 **맹모삼천**을 본받아 야구장 옆으로 이사를 하셨지.
- 교육열이 높은 우리나라에는 **맹모삼천**을 실천하는 학부모가 많아.
- 어려운 환경에서도 꿋꿋이 성공한 사람이 많으니, **맹모삼천**을 무턱대고 믿는 것은 옳지 않아.

# 삼고초려

중국 삼국 시대에 유비가 제갈량의 초가집을 세 번이나 찾아갔다는 이야기로, 인재를 얻기 위해 참을성 있게 노력한다는 말이야.

채린: 어떻게 해야 현서를 우리 걸그룹에 들어오게 할까?

 고사리: 학교 발표회 말하는 거야?

채린: 응. 1등 하려면 현서가 꼭 있어야 하는데…. 벌써 두 번이나 거절당했어. 😢

 고사리: **삼고초려**라는 말이 있잖아. 그런 인재를 영입하려면 정성을 다해야지.

채린: 삼초고려? 3초 동안 고려해 달라고?

 고사리: 그게 아니라…. 😣

채린: 오케이! 네 말대로 정성을 다해서 작전을 짜야겠어. 땡큐~

전송

## 걸그룹 영입 대작전

채린이는 책상 앞에 앉아 곰곰이 생각에 빠져 있었어요.

'고사리가 인재를 얻으려면 3초 동안 고려해 달라고 부탁하라고 그랬지? 그게 그렇게 유명한 말인가? 아무튼 현서가 우리 팀에 들어올 수만 있다면 뭐라도 해야지. 작전 개시!'

채린이는 결심한 듯 거울을 보며 주먹을 불끈 쥐어 보였어요.

다음 날 아침, 채린이는 학교로 가는 큰길로 바로 가지 않고 골목으로 걸어갔어요. 골목을 한 번 더 돌아서 세탁소 옆을 지나니 커다란 편의점이 있는 건물이 나왔어요. 아직은 쌀쌀한 아침 기운에 채린이는 재채기를 몇 번씩 하면서도 눈은 건물 안쪽으로 고정하고 있었어요.

편의점 앞에서 한참을 서 있던 채린이는 누군가 건물 안에서 나오자 활짝 웃으며 인사를 했어요.

"현서야, 안녕? 좋은 아침이야."

채린이의 우렁찬 인사에 깜짝 놀란 현서는 뒤로 살짝 뒷걸음을 쳤어요.

"어? 어…… 그런데 너 나 기다린 거야?"

"그럼. 당연히 너 기다렸지. 다리 아파서 죽는 줄 알았어. 그렇지만 널 만났으니 이제 하나도 안 아파. 하하하."

"그런데 왜 날 기다린 거야?"

갑자기 채린이는 등 뒤에 감추고 있던 무언가를 쓱 내밀었어요. 반짝반짝 빛나는 금빛 포장지에 쌓인, 딱 봐도 비싸 보이는 초콜릿이었어요.

"현서야, 이걸 받고 3초만 고려해 주면 안 되겠니? 응? 삼초고려란 유명한 말도 있잖아. 네가 우리 걸그룹에 들어와 준다면 반드시 1등을 할 수 있게 내가 노력할게."

초롱초롱한 눈빛으로 진지하게 말하는 채린이의 표정을 보던 현서는 터져 나오는 웃음을 참을 수가 없었어요.

"푸하하. 삼초고려가 아니라 삼고초려겠지. 삼, 고, 초, 려! 그리고 남자인 내가 어떻게 너희 걸그룹에서 춤을 추냐? 애들이 놀릴 게 뻔한데."

"그런 거라면 걱정 말아. 요즘 세상에 여자, 남자가 어디 있냐고 우리 엄마가 늘 그러셨어. 걸그룹 춤이랑 보이그룹 춤이랑 섞어서 우리만의 춤을 만들면 되지. 앞으론 걸그룹이라고 안 부를게. 그냥 댄스그룹 어때?"

볼까지 붉히며 진심으로 설득하는 채린이의 말에 현서는 잠시 고민했어요.

"에잇, 삼고초려 뜻도 모르면서 삼고초려를 실천한 네 정성을 무시할 수가 없네. 알았어. 네 말대로 우리는 그냥 3학년 3반 댄스그룹인 거다. 같이 잘해 보자!"

현서와 채린이는 손을 높이 들고 깡충 뛰면서 손바닥을 마주쳤어요.

### 고사리가 들려주는 고사성어 이야기
# 삼고초려

옛날 중국의 후한 시대 말기에 유비는 관우, 장비와 함께 의형제를 맺고 한(漢)나라를 다시 일으키기 위해 애쓰고 있었어. 그런데 조조에게 번번이 밀려서 어려움을 겪었지. 유비는 유능한 전략가가 필요하다는 걸 깨닫고 주위에 뛰어난 인재를 알아보고 있었어. 그러던 어느 날, 제갈량이란 인물을 추천받았지. 제갈량은 자가 '공명'으로 후대에 '제갈공명'이라는 이름으로 널리 알려진 사람이야.

유비는 추천을 해 준 사람에게 제갈량을 데리고 올 수 있겠냐고 물었는데, 그는 고개를 저으며 이렇게 말했어.

"제갈량은 가서 볼 수는 있어도 억지로 오게 할 수는 없습니다. 장군님께서 직접 찾아가셔야만 만날 수 있습니다."

그래서 유비는 관우, 장비와 함께 선물을 가지고 제갈량의 초가집으로 직접 찾아갔어. 하지만 제갈량은 멀리 여행 중이어서 만날 수가 없었어. 하는 수 없이 돌아온 유비 일행은 다시 날을 잡아 제갈량의 집으로 찾아갔어. 하지만 이번에도 제갈량을 만날 수가 없었어.

이듬해 유비가 다시 한 번 제갈량을 찾아가자고 하자, 장비와 관우는 두 번이나 헛수고를 했는데 그만 찾아가자고 반대했어. 그러나 유비는 두 사람을 설득해 세 번째로 제갈량을 찾아갔어. 초가집에 도착한 유비는 드디어 제갈량을 만나게 되었어. 이때 제갈량의 나이는 스물일곱이고 유비의 나이는 마흔일곱이었어.

제갈량은 자신보다 훨씬 높은 지위에 있고 나이도 스무 살이나 많은 유비가 몸을 낮춰 세 번이나 직접 찾아온 것을 보고 깊이 감동했어. 제갈량은 기꺼이 유비의 전략가가 되었고, 적벽대전에서 조조의 백만 대군을 격파하는 큰 공을 세웠지. 이 이야기에서 '삼고초려'라는 말이 비롯한 거야.

###  이렇게 사용해 봐!

- 교장 선생님이 **삼고초려**해서 모셔 온 분이 바로 우리를 지켜 주시는 학교 보안관님이야.
- 우리 아빠가 **삼고초려**한 덕분에 콧대 높던 우리 엄마랑 결혼할 수 있었대.
- 그 유명한 할리우드 영화감독을 **삼고초려**하게 만든 사람이 저렇게 어린 배우라니 정말 놀라워.

# 와신상담

| 臥 | 薪 | 嘗 | 膽 |
|---|---|---|---|
| 누울 **와** | 땔나무 **신** | 맛볼 **상** | 쓸개 **담** |

'장작더미 위에 눕고 쓸개를 맛본다.'는 뜻으로, 원수를 갚거나 목표를 이루기 위해 온갖 괴로움을 참고 이겨 낼 때 쓰는 말이야.

승준: 고사리! 나 진짜 분해서 못 살겠어!

고사리: 왜? 무슨 일인데?

승준: 이번에 축구 클럽에서 대회를 했는데, 우리 팀이 강력한 우승 후보였거든.

고사리: 그랬지! 너희 팀이 작년에도 우승했잖아.

승준: 근데 이번에 진짜 어이없게 예선 탈락했어. 😭

고사리: 헐, 어쩌다가?

승준: 우리가 다른 팀들을 너무 얕봤나 봐. 작년엔 빌빌거리던 애들이 올해 산삼을 먹었나 완전 날아다니더라고.

고사리: 음, 다른 팀 애들이 **와신상담**했나 보네.

승준: 응? 무슨 상담? 그게 뭐야, 고사리? 우리도 당장 가서 상담 좀 받아 봐야겠어.

고사리: 아니, 내 말은 그게 아니고…. 😓

전송

## 산삼이 아니라 상담?

"슈퍼스타 이겨라! 슈퍼스타 이겨라!"

"토르! 토르! 토르 이겨라!"

슈퍼스타 팀의 에이스 승준이가 드리블을 하며 골대 앞으로 돌진하는 순간, 토르 팀의 재우가 순식간에 공을 빼앗아 반대편으로 패스했어요.

'뭐야? 재우네 팀 작년엔 완전 껌이었는데······.'

승준이네 팀 아이들이 허둥대는 사이 일사불란하게 공격 위치를 잡은 토르 팀이 선취 골을 얻어 냈어요.

"와! 골인!"

응원하던 토르 팀 엄마들이 얼싸안고 팔짝팔짝 뛰는 모습이 마치 월드컵에서 우승이라도 한 듯한 분위기였어요. 슈퍼스타는 어떻게든 역전을 하려고 최선을 다해 뛰었지만, 토르는 작년의 토르가 아니었어요.

결국 슈퍼스타는 그 한 골 차이를 뒤집지 못하고 어이없게 예선에서 탈락하고 말았지요. 승리한 토르 팀 응원석은 축제 분위기였어요.

"애들아, 잘했어!"

"그래! 작년하고 어쩜 그렇게 다르니? 너희들 코치님한테 특별 훈련이라도 받은 거야?"

아직 발갛게 상기된 얼굴이 채 식지 않은 토르 팀 아이들이 싱글벙글한 얼굴로 말했어요.

"작년에 슈퍼스타 애들이 얼마나 우릴 무시하고 깔봤는데요!"

"맞아요! 1학년 애들하고 해도 못 이기겠다고 막 놀리고……. 저희가 다른 팀은 몰라도 슈퍼스타는 꼭 이기려고 완전 칼을 갈았다니까요!"

토르 팀 아이들은 우승 후보인 슈퍼스타를 상대로 한 승리가 아직도 믿기지 않는 듯 들뜬 모습이었어요.

"너희들 와신상담한 보람이 있다. 그런 정신이면 못 할 일이 없지!"

토르 팀 아버지 중 한 분이 뿌듯하게 말했어요.

"와신, 상담? 그게 뭐예요? 코치님하고 집중 상담을 하긴 했는데……."

"하하하, 와신상담은 '장작더미에 눕고 쓸개를 핥는다.'는 뜻이야. 목표를 이루기 위해서는 어떠한 고난도 마다하지 않고 노력한다는 뜻이지."

"맞아요! 저희 진짜 지옥 훈련 했다고요! 근데 쓸개? 그거 맛없는 거예요? 갑자기 순대 간이 먹고 싶네……."

"난 곱창!"

"난 삼겹살!"

토르 팀 아이들이 와글댔어요. 있는 힘을 다해 뛰었더니 배 속이 텅 빈 것 같았어요. 코치님의 다급한 외침이 아이들의 와글거림에 묻혔어요.

"이 녀석들아, 아직 본선 경기가 남았다고!"

**고사리가 들려주는 고사성어 이야기**

# 와신상담

중국 춘추 시대에 오나라와 월나라는 서로 으르렁거리는 원수 사이였어. 두 나라 사이에는 크고 작은 싸움이 끊이지 않았지. 한번은 오나라의 왕 합려가 군대를 이끌고 월나라로 쳐들어갔어. 이 싸움에서 합려왕은 월나라 왕 구천에게 크게 패하고 도망쳐 왔을 뿐 아니라, 싸움에서 입은 부상으로 죽고 말았어. 합려왕은 세상을 떠나기 전 아들 부차에게 이런 말을 남겼어.

"아들아, 이 아비의 원수를 꼭 갚아다오."

부차는 아버지의 뒤를 이어 오나라의 왕이 되었어. 부차왕은 아버지의 원수를 갚기 위한 다짐이 느슨해질까 봐 편안한 잠자리를 마다하고 딱딱한 장작더미에서 잠을 청했어. 그리고 방 입구에 사람을 세워 놓고 자신이 드나들 때마다 이렇게 외치게 했어.

"부차야, 아버지를 죽인 월나라 왕 구천을 잊었느냐?"

이 소문을 들은 구천왕이 먼저 싸움을 걸어 왔어. 하지만 서슬 퍼런 부차왕의 군대에게 속수무책으로 패하고 포로가 되고 말았어. 구천왕은 목숨을 건지기 위해 모든 재산을 부차왕에게 바치고, 부차왕의 마구간에서 노예로 일하며 온갖 수모를 당했어. 그뿐 아니라 부차왕이 병이 들자 그의 똥오줌까지 받아 내며 몸소 간호했어. 이런 정성에 마음이 누그러진 부차왕은 구천왕을 제 나라로 돌려보내 줬어.

월나라로 돌아온 구천왕은 방 안에 쓰디쓴 곰쓸개를 걸어 놓고 아침저녁으로 핥으며 오나라에서 겪었던 치욕을 곱씹었지. 그리고 이를 악물고 군대를 훈련시켜 결국 십여 년 뒤에 오나라를 멸망시켰어.

딱딱한 장작더미 위에서 잠을 청했던 부차, 쓰디쓴 쓸개를 핥았던 구천, 이렇게 원수를 갚거나 어떤 목표를 이루기 위해 온갖 괴로움을 마다하지 않고 노력하는 것을 '와신상담'이라고 해.

 **이렇게 사용해 봐!**

- 지난 시험 결과의 충격으로 **와신상담**하더니 이번엔 성적이 많이 올랐네!
- **와신상담**의 결과가 이렇다니 정말 실망스럽다.
- 원수는 계속해서 원수를 낳는다는데, **와신상담**해서 원수를 갚는 게 좋은 걸까요?

# 화룡점정

그림 **화**

용 **룡**

점 **점**

눈동자 **정**

'용을 그리고 용의 눈동자에 점을 찍는다.'는 뜻으로, 어떤 일의 중요한 부분을 완성해서 끝낸다는 말이야.

현오: 고사리, 우는 동생 달래려면 어떻게 해야 하니? 울보 동생은 진짜 피곤해.

고사리: 우는 애한테는 곶감이 최고지!

현오: 아, 옛날 사람~ 최신형 AI라는 거 거짓말이지?

고사리: 흠흠. 농담이야 농담. 근데 동생이 왜 우는데?

현오: 지오 생일 케이크 촛불을 내가 먼저 불어 버렸거든. 케이크 빨리 먹고 싶은 마음에 그만….

고사리: 어휴. 생일 파티의 **화룡점정**은 촛불 끄기인데, 그걸 뺏겼으니 동생이 울 만도 하다.

현오: 화룡? 불 내뿜는 드래곤?

고사리: 엥? **화룡점정**은 중요한 걸 완성해서 끝맺는다는 뜻의 고사성어야.

현오: 고사리! 나 방금 지오가 울음을 뚝 그칠 만한 좋은 생각이 났어. 땡큐~

전송

## 우리는 롤러코스터 원정대!

"엄마, 우리 내일 놀이공원 가요!"

현오가 후다닥 거실로 나오며 말했어요. 거실 바닥에 두 다리를 버둥대며 대성통곡을 하고 있던 지오가 갑자기 무슨 마법의 주문을 들은 것처럼 울음을 딱 그쳤어요. 현오는 눈물 콧물이 뒤범벅된 동생 얼굴을 흘깃 한 번 쳐다보더니 더욱 큰 소리로 엄마에게 말했어요.

"새로 생긴 놀이공원이 그렇게 재미있대요. 내일 지오랑 같이 가 봐요!"

지오는 어느새 엄마 옆으로 와 왕사탕만 한 눈을 깜빡이면서 간절한 눈빛을 발사하고 있었어요. 엄마는 지오 얼굴을 닦아 주며 말했어요.

"그럼 우리 지오 생일 기념으로 놀이공원 한번 가 볼까?"

다음 날, 현오와 지오는 엄마 아빠와 함께 놀이공원에 갔어요. 지오는 자동차끼리 앞뒤로 뻥뻥 부딪치며 타는 범퍼카를 제일 좋아했어요. 현오는 벌써 몇 번째 범퍼카만 타는 지오를 잡아 세웠어요.

"지오야, 범퍼카는 이제 그만 타고 다른 거 타러 가자."

"다른 거? 난 이게 제일 재밌는데."

"야, 형 한번 믿어 봐!"

현오와 지오가 라면 면발처럼 꼬불꼬불한 줄의 맨 끄트머리에 도착할 때였어요. 드드드드 하는 소리와 함께 용의 머리 모양 롤러코스터가 꼭대기를 향해 올라가는 것이 보였어요.

"형, 저거 드래곤이야! 짱 멋있어."

긴 줄이 끝나고 드디어 현오와 지오의 차례가 되었어요. 그런데 현오는 계속 뒷사람에게 순서를 양보했어요.

"형, 왜 자꾸 뒷사람 먼저 타라고 하는 거야? 나 다리 아프단 말이야."

지오가 짜증을 냈지만 현오는 계속 양보를 하더니 어느 순간 지오 손을 꼭 잡고 롤러코스터의 맨 앞으로 뛰어갔어요. 둘은 나란히 맨 앞자리에 앉았어요. 드디어 롤러코스터가 꼭대기를 향해 드르르륵 소리를 내며 천천히 움직였어요. 현오의 가슴이 쿵쾅쿵쾅 방망이질하기 시작했어요. 이러다 심장이 몸 바깥으로 튀어나오는 게 아닌가 걱정이 될 정도였지요.

꼭대기에서 잠시 멈췄던 롤러코스터는 숨을 고를 틈도 없이 아래로 휙 곤두박질쳤어요.

"까아악, 꺅꺅꺅! 엄마아아아!"

둘은 목이 쉬도록 비명을 질렀어요. 드디어 땅에 내려와 롤러코스터의 안전바가 올라가자 지오가 눈물 콧물이 범벅된 얼굴로 말했어요.

"형, 맨 앞에 타니까 짱 무서워. 근데 짱 재밌어. 우리 또 타자. 응?"

"녀석, 제법인데? 놀이공원의 화룡점정은 역시 롤러코스터지!"

둘은 손을 꼭 붙들고 꼬불꼬불 이어진 줄을 향해 뛰어갔어요.

고사리가 들려주는 고사성어 이야기

# 화룡점정

 중국 양나라에 장승요라는 뛰어난 화가가 있었어. 그 사람은 모든 그림을 살아 있는 것처럼 그리는 재주가 있었대.

 어느 날 장승요는 안락사라는 절의 스님으로부터 용 한 쌍을 벽화로 그려 달라는 부탁을 받았어. 장승요가 그린 용들은 마치 살아서 구름을 뚫고 하늘로 올라갈 것만 같았지. 그렇게 생동감 넘치는 그림에 딱 하나 이상한 점이 있었는데, 바로 용의 눈에 눈동자가 그려져 있지 않았던 거야. 사람들이 그것을 지적하자 장승요는 이렇게 말했어.

 "내가 눈동자를 그려 넣으면 용이 벽을 박차고 하늘로 날아 오를 것이기 때문입니다."

 하지만 사람들은 장승요의 말을 믿으려 하지 않았어. 그러면서 계속 눈동자를 그려 달라고 했지. 장승요는 하는 수 없이 용 한 마리의 눈에만 점을 찍어 눈동자를 그려 넣었어. 그러자 하늘에서 우레가 울리고 번개가 치더니 벽이 갈라지면서 용 한 마리가 하늘로 솟구쳐 올라갔어. 사람들이 놀라서 어쩔 줄 몰라 하다가 잠시 뒤 벽을 보니, 눈동자를 그리지 않은 용의 그림은 여전히 벽에 남아 있었대.

 **이렇게 사용해 봐!**

- 이번 여름 캠프의 **화룡점정**은 마지막 날 캠프파이어 시간이었어.
- 올림픽은 가장 마지막에 열리는 마라톤 경기가 **화룡점정**이지.

4장

# 노력으로 이룬 아름다운 성취

괄목상대 | 대기만성 | 마부작침 | 우공이산 | 형설지공

# 괄목상대

| 刮 | 目 | 相 | 對 |
|---|---|---|---|
| 비빌 괄 | 눈 목 | 서로 상 | 대할 대 |

'눈을 비비고 상대방을 대한다.'는 뜻으로, 상대방의 학식이나 재주가 몰라보게 향상되어 눈을 비비고 다시 본다는 말이야.

아, 피자 먹고 싶어!
현호

고사리
또? 얼마 전에도 먹었잖아.

그럼 뭐 해. 형이 맨날 나보다 많이 먹는데.
현호

고사리
형이랑 하는 분수 문제 내기에서 매번 지니까 그렇지!

분수는 너무 어렵단 말이야.
현호

고사리
연습하면 되지. 괄목상대한 모습을 보여줘 봐.

괄목상대? 그건 또 뭐야?
현호

고사리
상대방의 재주나 실력이 놀랄 만큼 부쩍 늘어서 눈을 비비고 다시 본다는 뜻이야. 
다음에는 꼭 분수 문제를 맞혀서 피자를 더 먹으라고!

전송

## 실력이 몰라보게 늘었네!

"엄마, 피자 시켜 주세요. 피자 먹고 싶어요. 네?"

현호가 엄마 뒤를 졸졸 따라다니며 조르고 있었어요.

"뭐? 피자 먹은 지 얼마 안 됐는데 또?"

엄마는 어이없다는 듯이 현호를 바라보았어요.

"형이 나한테 조금 주고 자기만 많이 먹는단 말이에요."

"그건 네가 내기에서 져서 그런 거잖아. 그러지 말고 수학 공부 열심히 해서 승호 형을 이기는 건 어때? 네가 제일 좋아하는 대왕피자를 걸고!"

엄마는 현호에게 한쪽 눈을 찡긋한 뒤 부엌으로 가 버렸어요. 현호는 어깨를 축 늘어뜨리며 방으로 들어갔어요.

'엄마도 고사리도 다 내가 분수를 못해서 그렇다고만 해. 분수는 진짜 싫은데……. 하지만 대왕피자는 너무너무 먹고 싶다.'

한참을 방에 누워 천장만 바라보던 현호는 무언가 결심한 듯 벌떡 일어났어요.

토요일 저녁, 현호는 현관문 앞에서 목이 빠져라 벨소리가 울리길 기다리고 있었어요. 드디어 딩동 소리가 나고, 안전모를 쓴 아저씨가 커다란 피자 상자를 내밀었어요.

"자, 이제 문제 낸다. 이번에도 맞히는 사람이 피자 한 쪽 더 먹기야. 현호야, 준비됐지?"

매번 내기에서 이긴 승호는 이번에도 자신만만한 목소리로 문제를 냈어요.

"현호네 집에 맛있는 피자가 있어요. 현호는 피자 2분의 1, 엄마는 4분의 1을 먹었고 승호는 8분의 1을 먹었어요. 피자를 가장 많이 먹은 사람은 누구일까요?"

문제를 다 들은 현호의 입가에는 슬그머니 웃음이 피어올랐어요.

"흥칫뽕! 이렇게 쉬운 문제를 낼 줄이야. 정답은 2분의 1쪽을 먹은 현호입니다!"

"헐! 현호 네가 웬일이냐? 분모, 분자도 헷갈려 하던 녀석이?"

떨떠름한 표정의 승호가 말꼬리를 흐렸어요.

"와, 드디어 내가 이겼어!"

기쁨에 겨워 엉덩이를 흔드는 현호를 보며 엄마가 말했어요.

"현호야, 피자 그림까지 오려서 공부하더니 분수 실력이 몰라보게 늘었구나. 이런 걸 보고 괄목상대했다고 하는 거야. 우리 현호 정말 칭찬해! 자, 식기 전에 어서들 먹자."

"네! 맛있게 먹겠습니다!"

현호와 승호는 누가 먼저랄 것도 없이 신나게 대답했어요.

고사리가 들려주는 고사성어 이야기
# 괄목상대

중국 삼국 시대 오나라의 왕 손권에게는 여몽이라는 부하 장수가 있었어. 여몽은 가난한 집안에서 태어나 오로지 무술만 익혔을 뿐 글은 배우지 못해 학식이 전혀 없는 사람이었어. 손권은 그런 여몽을 늘 안타깝게 생각했어.

어느 날, 손권이 여몽을 불러 이제라도 글을 읽어 지식을 쌓으라고 충고했지. 그러자 여몽은 자신은 글을 알지도 못하고 할 일이 많아서 글 읽을 시간이 없다고 변명했어. 그 말을 들은 손권은 여몽을 크게 꾸짖었어.

"그대가 일이 아무리 많다 해도 나보다 많겠는가? 한나라 광무제는 전쟁 중에도 손에서 책을 놓지 않았으며, 위나라 조조도 스스로 배우기를 즐긴다고 했네."

이를 들은 여몽은 크게 부끄러워하며 깨달은 바가 있었어. 그러고는 집으로 돌아가 글을 배우고 매일매일 책을 읽으면서 학문에 힘을 쏟았어.

평소에 여몽을 별 볼 일 없는 사람이라고 여기던 노숙이라는 사람이 있었어. 어느 날, 노숙은 날이 갈수록 여몽의 인상이 온화해지고 병법에 관한 지식이 많아진 것을 보고 깜짝 놀라 말했어.

"나는 자네가 오로지 무예만 잘하고 학식은 부족한 사람이라 생각했는데, 요즘의 자네는 옛날의 여몽이 아니네."

그러자 여몽은 웃으며 이렇게 말했어.

"선비는 헤어진 지 사흘이 지나면 눈을 비비고 대할 정도로 변해야 하는 것 아닌가?"

훗날 여몽은 손권을 도와 나라의 힘을 크게 키우고, 촉나라의 관우를 사로잡는 등 큰 공을 세워 오나라의 명장으로 불리게 되었어.

 **이렇게 사용해 봐!**

- 인공지능 기술이 하루가 다르게 괄목상대하네.
- 구구단도 못 외우던 현호가 괄목상대해서 19단을 외운대.
- 한글도 모르던 동생이 지금은 동화책을 술술 읽다니 괄목상대란 이런 것이구나.

# 대기만성

'큰 그릇을 만드는 데는 시간이 오래 걸린다.'는 뜻으로, 훌륭한 인물이 되기 위해서는 많은 시간과 노력이 필요하다는 말이야.

고사리! 혹시 키 크는 비법 같은 거 알아?
세찬

고사리
그걸 알면 고사리가 아니라 고목나무가 됐을걸. 그런데 키는 왜?

키 작다고 맨날 후보 선수 신세란 말이야.
세찬

고사리
저런, **대기만성**할 우리 세찬이를 몰라보고….

뭐? 대기만 할 거라고?
세찬

고사리
아니, 그런 뜻이 아니고 나중에 크게 될 인물이라는 말인데….

흥! 너도 내가 후보 선수라고 무시하는 거지?
세찬

전송

## 키 크고 싶어!

"야, 강세찬! 저기 가서 공 좀 주워 와."

"네가 잘못 던져 놓고 왜 나더러 공을 주워 오래?"

"그거야 나는 주전 선수고 너는 후보 선수니까 그렇지. 억울하면 너도 얼른 주전 되면 되잖아. 아, 맞다. 어차피 너는 키가 작아서 안 되지? 하하하."

다른 아이들보다 머리 하나는 더 큰 형민이가 너무 웃긴다는 듯 배를 잡고 웃었어요. 세찬이는 그런 형민이를 잠시 노려만 볼 뿐 아무 말도 못한 채 휙 뛰어갔어요.

아이들이 돌아간 운동장 한쪽에서 야구 배트를 휘두르는 소리가 바람을 갈랐어요. 커다란 배트를 휘두르다 지친 세찬이는 운동장 바닥에 털썩 드러누워 버렸어요.

"후유…… 내 키가 하늘만큼 컸다면 매일 홈런을 뻥뻥 쳐서 형민이 녀석 코를 납작하게 해 줬을 텐데."

"뭐라고? 얼마나 세게 때렸으면 형민이 코가 납작해졌다는 거야?"

"앗, 깜짝이야!"

갑자기 불쑥 튀어나온 사람은 세찬이네 학교 야구부 감독님이었어요.

세찬이는 너무 놀라서 스프링처럼 튀어 올라 일어났어요.

"녀석, 순발력 하나는 타고났네. 허허. 다들 돌아갔는데 너는 왜 아직도 안 가고 있어?"

"연습 좀 하고 가려고요. 공만 줍느라 연습할 시간이 별로 없었어요."

"내가 없는 틈을 타서 주전 아이들이 또 텃세를 부린 모양이구나."

"……."

세찬이의 눈에서 갑자기 눈물이 또르르 떨어졌어요. 감독님은 세찬이에게 어깨동무를 하며 말을 이었어요.

"지금 프로 야구에서 홈런왕이 된 선수가 선생님 친구라고 말했었지? 그 녀석이 어렸을 때 키가 얼마나 작았는지 아니? 하도 작아서 같이 줄을 서면 앞에서 얼굴이 보이지 않을 정도였어. 그래서 애들이 매일 땅꼬마라고 불렀는데 금세 별명이 연습벌레로 바뀌었지."

"정말요?"

"너 대기만성이라는 말 들어 봤어?"

"아! 벤치에서 대기만 한다는 거요?"

"그게 아니라 큰 인물은 늦게 이루어진다는 말이야. 지금은 비록 꼬맹이 후보 선수지만, 참고 꾸준히 노력하다 보면 나중에 그라운드를 펄펄 나는 홈런왕이 될 수 있단 소리지. 그런 의미에서 운동장 한 바퀴 더?"

선생님의 말씀이 끝나기도 전에 세찬이는 저만치 달려가고 있었어요.

고사리가 들려주는 고사성어 이야기

# 대기만성

　중국에서 삼국이 막 세워지던 시절, 위나라에는 최염이라는 장수가 있었어. 훌륭한 외모와 인품을 가진 최염은 주위 사람들에게 늘 존경을 받았을 뿐 아니라 조조도 그를 믿고 아꼈어.

　최염에게는 최림이라는 사촌 동생이 있었는데, 최림은 최염과는 달리 영리하지도 않았고 인품도 그리 뛰어나지 않았던 거야. 최림은 늘 최염의 그늘에 가려져 관직이나 출세의 길과는 거리가 멀었지. 친척들은 그런 최림을 무시하고 업신여기기 일쑤였어. 그렇지만 오직 최염만은 최림이 나중에 크게 쓰일 인물임을 알아보고 이렇게 말했어.

　"큰 종이나 솥은 쉽게 만들어지지 않는 것처럼 사람의 재능도 쉽게 완성되지 않는다. 사람의 재능이 완성되려면 오랜 시간과 노력이 필요한 것인데, 최림 자네도 큰 그릇이라 늦게 이루어질 뿐 언젠가는 반드시 크게 쓰일 날이 올 것이네."

　최염의 말대로 훗날 최림은 삼공이라는 높은 벼슬에 올라 황제를 보필하는 중요한 일을 했어. 이렇듯 '대기만성'은 큰 인물이 되기 위해서 많은 시간과 노력이 필요하다는 뜻으로 쓰이는 말이야.

### ✓ 이렇게 사용해 봐!

- 10년 동안의 무명 시절을 이겨 내고 성공한 저 가수야말로 **대기만성**한 사람이네.
- 저 탐험가는 무려 30년 동안 도전해서 세계의 높은 산을 모두 올랐다니 정말 **대기만성**이야.
- 엄마, 나는 **대기만성** 스타일이니까 벌써부터 공부하라는 잔소리는 사양할게요.

# 마부작침

| 磨 | 斧 | 作 | 針 |
|---|---|---|---|
| 갈 마 | 도끼 부 | 만들 작 | 바늘 침 |

'도끼를 갈아 바늘을 만든다.'는 뜻으로, 아무리 어려운 일도 참고 계속하면 언젠가는 이룰 수 있다는 말이야.

채민: 고사리! 뜨개질 좀 가르쳐 줘.

 고사리: 뜨개질은 왜? 

채민: 나도 언니처럼 요정모자 뜨고 싶단 말이야.

 고사리: 그럼 언니한테 배우면 되잖아.

채민: 초보자라고 못생긴 모자를 뜨라잖아.

고사리: **마부작침**! 어려워도 포기하지 않고 뜨다 보면 예쁜 모자를 완성할 수 있을 거야.

채민: 마부도 뜨개질을? 아무튼 포기하지 말라는 말이지?

전송

## 나도 요정모자를 뜰래!

"언니, 나도 요정모자 뜰래. 어떻게 하는지 처음만 가르쳐 줘. 제발!"

채민이는 뜨개질하는 서현이의 다리를 붙잡고 사정하는 시늉을 했어요. 서현이는 화들짝 다리를 빼며 채민이에게 소리쳤어요.

"야, 황채민. 뜨개질하는데 그렇게 갑자기 다리를 잡아당기면 어떻게 해. 코 다 빠뜨릴 뻔했잖아. 이거 하나라도 틀리면 다시 떠야 한다고!"

서현이는 뜨던 모자와 실뭉치를 챙겨 방으로 들어가 버렸어요.

엄마는 아까부터 기분이 별로인 채민이가 계속 신경이 쓰였어요.

"채민아, 무슨 일 있었어? 왜 아까부터 시무룩해?"

"언니는 정말 얄미워! 실과 시간에 뜨개질 좀 배웠다고 잘난 척이나 하고."

"채민이 너도 5학년 되면 배울 텐데 뭐. 지금은 손이 작아서 바늘 잡기도 어려울걸?"

"저도 아프리카 아기들한테 예쁜 요정모자 선물하고 싶단 말이에요. 내가 만든 모자로 따뜻해져서 아기가 살 수 있다면 얼마나 기쁠까. 엄만 내 마음도 모르고. 히잉."

채민이는 갑자기 누가 가슴을 콕콕 찌르는 것 같았어요. 그러자 엄마가 채민이의 두 손을 감싸고 토닥이며 말했어요.

"어려운 환경의 아기들을 돕고 싶어서 그런 거였어? 채민이 마음도 몰라주고 엄마가 미안해. 요정모자 뜨는 건 엄마랑 같이 연구해 보자. 이래 봬도 엄마가 예전에 뜨개질 잘했어."

"진짜요? 엄마 진짜 뜨개질 잘했어요?"

"그럼. 엄마를 믿어 봐. 채민아, 그런데 처음부터 요정모자 뜨다가 실수해서 구멍 숭숭 난 모자를 보내면 아기들이 추워할 수도 있잖아. 쉬운 모자부터 배우고 나중에 요정모자를 뜨는 건 어떨까?"

"아기들을 춥게 할 순 없어요! 엄마 말대로 쉬운 것부터 차근차근 배울게요."


"엄마, 여기 좀 봐 주세요. 여기서 코를 빼면 되는 거예요? 그럼 마무리 된 거예요?"

채민이의 손에는 양옆에 끈이 달린 작고 앙증맞은 고깔 모양 모자가 들려 있었어요.

"우아, 우리 채민이 대단하다. 방학 내내 쉬지 않고 뜨고 풀고 하더니 드디어 완성이네."

"고사리가 마부작침이랬어요. 계속해서 뜨니까 진짜 완성됐어요!"

모자를 쓰며 환하게 웃는 채민이의 모습이 동화 속 요정처럼 빛났어요.

고사리가 들려주는 고사성어 이야기

# 마부작침

　중국 당나라 시인 이백이 어린 시절 촉나라에서 자랄 때의 일이야. 이백은 학문을 좀 더 갈고닦기 위해서 집을 떠나 상의산으로 들어가 열심히 공부했어. 그러나 원래 이백은 공부보다는 노는 것을 좋아했고 참을성이 많은 편이 아니었어.

　어느 날, 이백은 공부에 싫증이 나 산 아래로 내려오다가 머리가 하얗게 센 할머니가 쭈그리고 앉아 무언가에 열중하고 있는 모습을 보았어. 가까이 가서 보니 할머니는 바위에다 도끼를 갈고 있었던 거야.

이백은 그 모습이 하도 이상해서 할머니에게 물었어.

"할머니, 지금 뭘 하고 계신 거예요?"

"바늘을 만들려고 도끼를 갈고 있단다."

"네? 이렇게 큰 도끼를 갈아서 바늘을 만든다고요?"

이백이 너무 놀라 다시 물었어. 그동안에도 할머니의 손은 쉼 없이 도끼를 갈고 있었어.

"그렇단다. 중간에 그만두지 않는다면 언젠가는 만들 수 있을 거야."

이백은 할머니의 말을 듣고서 큰 깨달음을 얻었어. 그래서 공부를 게을리하고 놀려던 마음을 고쳐먹고 발길을 돌려 다시 산으로 올라갔지. 그때부터 이백은 굳게 마음을 먹고 학문에 전념했고, 훗날 중국 문학에서 가장 유명한 시인이 될 수 있었어.

 **이렇게 사용해 봐!**

- 저 경찰관이 **마부작침**의 각오로 10년 넘도록 끈질기게 추적해서 범인을 잡았대.
- 선생님, 바닷물이 바위를 깎아 조약돌이 된 것도 **마부작침** 아닐까요?
- 기자들은 **마부작침**의 마음으로 사건을 끝까지 취재해야 해.

# 우공이산

| 愚 | 公 | 移 | 山 |
|---|---|---|---|
| 어리석을 우 | 공평할 공 | 옮길 이 | 뫼 산 |

'우공이 산을 옮긴다.'는 뜻으로, 아무리 어려운 일이라도 쉬지 않고 끝까지 노력하면 이루어진다는 말이야.

지수: 아, 망했어. 미세먼지 때문에 내일 놀이공원 소풍이 취소됐어.

고사리: 헉. 엄청 기대하더니 진짜 아쉽겠다.

지수: 이 얄미운 미세먼지를 어떻게 해야 없애지?

고사리: 그거야 사람들이 나무도 많이 심고, 자동차도 적게 타고, 일회용품도 줄이면 언젠가 없어지지 않을까? 우공이산이란 말도 있잖아.

지수: 그렇게 하다간 할머니 될 때까지도 놀이공원에 못 가겠다.

고사리: 끙….

지수: 차라리 먼지 먹는 끈끈이 로봇을 만드는 게 빠를 것 같아.

고사리: 오~ 멋진데! 우공이산의 정신으로 도전해 봐.

지수: 갑자기 산에 도전하라고?

전송

## 비켜라 미세먼지!

"미세먼지도 심한데 고사리는 왜 자꾸 산에 가라는 거야? 먼지 마시고 헛소리하는 건가? 아, 목말라."

지수는 냉장고를 향해 걸어가면서 투덜거렸어요.

"엄마, 제가 좋아하는 시원해 음료수 어딨어요?"

냉장고를 아무리 들여다봐도 지수가 늘 먹던 초록색 음료수 병은 보이지 않았어요.

"냉장고에 있지 어디 있어. 거기 앞쪽에 있잖아."

"앞쪽에는 투명한 병밖에 없는데요? 시원해 음료수는 초록색……."

무심코 집어 든 투명한 페트병 한가운데에는 뽀글뽀글 거품으로 둘러싸인 '시원해'라는 글자가 자리 잡고 있었어요.

"으악! 이게 뭐야. 시원해 음료수가 왜 이렇게 된 거야? 엄마, 이거 색깔이 이상해요."

"앞으로 자원 재활용을 위해서 색깔 있는 페트병은 투명한 페트병으로 바뀐대. 뭐 나름 괜찮지 않니?"

"아니, 이상한데요? 초록색이어야 시원한 느낌이 팍팍 난다고요!"

지수는 음료수를 한 모금 마셨어요. 그러나 투명한 병에서 나오는 음료수는 왠지 예전만큼 톡 쏘지도 않고 시원한 것 같지도 않았어요.

"어휴. 미세먼지만 아니었어도 지금쯤 놀이동산에서 실컷 놀고 있을 텐데……. 엄마, 어떻게 해야 미세먼지가 없어지는 거예요?"

"엄마는 물건을 살 때도 버릴 때도 신경을 써. 투명 페트병도 미세먼지를 줄일 수 있어. 자원을 재활용할수록 탄소 배출이 적어지니까 공기가 깨끗해질 수 있대. 아빠도 환경을 위해서 얼마 전에 전기차로 바꿨잖아? 이런 식으로 많은 사람이 계속 노력하면 언젠가는 매일 깨끗한 공기를 마실 수 있을 거야. 우공이산이란 말처럼."

"어? 엄마도 우공이산을 아시네요? 고사리가 자꾸 우공이산을 가라고 그러던데……."

"으이구. 산을 가라는 게 아니라 우공이 산을 옮긴 것처럼 아무리 어려운 일도 끊임없이 노력하면 이루어진다는 고사성어야!"

"아하!"

지수는 엄마의 말에 무언가 떠올랐어요. 잠시 뒤 스케치북과 크레파스를 들고 온 지수는 스케치북을 펼쳐 커다란 날개가 달린 드론을 그렸어요.

"엄마, 저는 미세먼지를 쩍쩍 달라붙게 할 끈끈이가 달린 로봇을 만들 거예요. 로봇 한가운데에는 공기 청정기를 넣고 바깥에는 끈끈이 날개를 많이 다는 거예요. 이러면 공기가 엄청 깨끗해지겠죠?"

스케치북을 들고 지수가 환하게 웃었어요.

### 고사리가 들려주는 고사성어 이야기
# 우공이산

중국의 북산에 우공이라는 아흔 살 노인이 살고 있었어. 우공이 사는 집 앞에는 태항산과 왕옥산이라는 큰 산이 두 개나 있었어. 우공과 가족들이 외출하려면 그 두 산을 빙 둘러서 먼 길을 돌아가야 했어. 너무 힘들고 불편했지.

그러던 어느 날, 우공은 가족들을 불러 모아 상의를 했어.

"우리가 힘을 합쳐서 태항산과 왕옥산을 옮겨 길을 만든다면 지금처럼 먼 길로 돌아서 다니지 않아도 될 것이다. 함께해 보지 않겠느냐?"

가족들은 고개를 끄덕이며 우공의 생각에 찬성했어. 그러나 우공의 아내만은 그 생각에 반대를 했지.

"당신의 나이를 생각해 보세요. 산은커녕 언덕 하나 옮길 힘도 없는 사람이 어찌 저 큰 산을 옮긴단 말이에요? 설사 산을 옮긴다 해도 그 많은 흙과 돌은 어디다 버리고요?"

"흙과 돌은 발해의 끝에 버리고 오면 되오."

결국 아내는 우공의 고집을 꺾지 못했어. 다음 날부터 우공과 그의 아들, 손자 들은 산을 옮기기 시작했어. 돌을 쪼개고 흙을 파서 삼태기에 담아 큰 수레에 옮겨 발

해만까지 날랐지. 그러나 흙을 내다 버리고 오는 일에만 꼬박 일 년이 걸렸어. 마을 사람들은 우공을 손가락질하며 비웃었어. 그중 한 사람이 우공에게 어리석다며 살아 있는 동안 다 옮기지도 못할 일을 왜 하냐고 물었지. 그러자 우공이 대답했어.

"내가 살아 있을 동안 옮기지 못하면 어떠한가? 내가 죽으면 아들이 옮길 것이고, 또 손자가 옮길 것이고, 그 자손들이 옮긴다면 언젠가는 산을 옮기지 않겠는가?"

마을 사람은 더 이상 반박하지 못하고 돌아갔어. 그런데 그 이야기를 들은 산신령이 깜짝 놀라 하늘의 옥황상제에게 달려갔어. 자신이 지키는 산이 없어질 것 같은 불안감에 옥황상제에게 호소하러 간 거지. 옥황상제는 그 이야기를 듣더니 화를 내기는커녕 우공의 정성과 노력에 감동해서 두 산을 번쩍 들어 하나는 삭동에, 다른 하나는 옹남이라는 곳에 옮겨 주었어.

 **이렇게 사용해 봐!**

- 아빠가 산속에서 혼자 힘으로 집 짓는 걸 보고 사람들은 **우공이산**이라고 말했어.
- **우공이산**을 거울삼아 나도 매일매일 땅을 파서 내려가다 보면 지구 반대쪽에 도착하지 않을까?

# 형설지공

'반딧불이와 눈빛으로 공부해서 얻은 성공'이란 뜻으로, 온갖 어려움 속에서도 열심히 공부해서 성공하는 것을 일컫는 말이야.

아, 독서록 쓰기 싫어서 꼴까닥하겠어.
민호

고사리
너는 책만 펴면 잠이 드니 독서록에 쓸 게 없긴 하겠다.

이 세상 책들이 모두 없어지면 얼마나 좋을까?
민호

완전 놀부 심보 아냐? 책 좋아하는 민준이는 어쩌라고.

알게 뭐야. 그런데 왜 형광등이 자꾸 깜빡거리지?
민호

고사리
갑자기 무섭게 왜 그래?

고사리! 정전인가 봐. 푸하하. 독서록은 이제 굿바이다.
민호

전송

## 우리 집은 정전 중

"엄마! 내 방 불이 꺼졌어!"

민호가 방문을 급하게 열며 거실로 뛰어나왔어요. 하지만 거실도 안방도 모두 빛을 잃고 어둠에 싸여 아무것도 보이지 않았어요.

"민호야! 민준아! 정전인가 봐. 아파트 전체가 불이 꺼졌어."

어느새 가족들은 비상등 하나 켜져 있는 거실로 모여들었어요. 민호의 쌍둥이 동생 민준이도 방에서 나와 엄마 옆에 꼭 붙어 있었어요.

"야호! 정전이다. 내일 선생님께 정전 때문에 숙제 못 해 왔다고 당당히 말할 거야."

민호의 의기양양한 말투에 엄마는 한숨을 쉬며 말했어요.

"어휴, 민호는 이 와중에도 신이 났구나. 정전이 아니래도 독서록은 못 써 갔을 텐데 아주 좋은 핑곗거리가 생겼네. 이왕 이렇게 된 거 일찍 자는 게 좋겠다."

민준이는 숙제를 못 하고 자는 것이 내키지 않았는지 엄마에게 방에 양초를 켜 달라고 말했어요.

"너 혼자 있는 방에 양초를 켜고 있는 건 위험하니까 오늘은 얼른 자렴."

엄마는 민호와 민준이를 각각 방에 들여보냈어요.

다음 날 일어나 보니 모든 것이 정상으로 돌아와 있었어요. 부엌에서 들려오는 전기밥솥의 쉭쉭거리는 소리가 아주 힘차게 울려 퍼졌어요.

드디어 숙제 검사 시간이 되었어요. 민호는 당당하게 미소를 띠며 선생님을 바라봤어요.

"선생님, 저희 집이 어제 정전이 되어서 독서록을 쓸 수가 없었어요."

그러자 선생님이 민준이 쪽을 가리키며 말했어요.

"어? 그럼 민준이는 어떻게 독서록을 써 왔지? 쌍둥이네 집이 반쪽만 정전이 된 걸까?"

"예? 민준이가요?"

민호는 둥그렇게 커진 눈으로 민준이를 쳐다보았어요.

"어제 정전이 된 거는 맞아요. 그런데 저는 휴대전화에 있는 손전등 기능을 켜고 독서록을 썼어요."

민준이가 사정을 설명하자 선생님의 입꼬리에 빙긋이 웃음이 걸렸어요.

"민준이가 현대판 형설지공을 실천했구나. 칭찬 스티커를 줘야겠네."

"형설지공이요? 그게 뭐예요?"

"무슨 공격력 이름인가?"

여기저기서 아이들의 질문이 이어졌어요. 선생님은 컴퓨터를 켜더니 텔레비전에 고사리를 띄워 줬어요.

"자, 고사리가 들려주는 형설지공 이야기를 다 함께 들어 보자."

고사리가 들려주는 고사성어 이야기

# 형설지공

중국 진나라에 차윤이라는 사람이 있었어. 차윤은 매우 성실하고 학문에 뜻이 있는 사람이었어. 그러나 집안 형편이 매우 어려워 낮에는 밖에 나가 일을 할 수밖에 없었지. 밤이 되어 공부를 하려고 해도 등불 밝힐 기름을 살 돈이 없었어.

그러던 어느 날, 차윤은 좋은 생각이 떠올랐어.

'반딧불이를 많이 잡아서 그 불빛으로 책을 읽으면 되겠구나.'

차윤은 얇은 주머니에 반딧불이를 잔뜩 넣어 매달아 놓고 밤새 책을 읽었어. 이처럼 어렵게 노력해서 공부한 결과 차윤은 이부상서라는 높은 벼슬에 오를 수 있었어.

또한 진나라에는 손강이라는 사람이 있었어. 손강 역시 집이 너무 가난해서 등불 밝힐 기름을 살 수가 없었어. 한겨울이 되어 밤은 길어졌는데 책을 읽을 방법이 없었던 손강은 창밖을 내다보다 창문을 활짝 열어 보았어. 밖에는 눈이 잔뜩 쌓여 주변을 환하게 비춰 주고 있었지.

'이 눈빛에 책을 비추어 공부하면 되겠다.'

손강은 그 눈빛으로 책을 읽으며 밤새워 공부했어. 그 덕분에 손강은 어사대부라는 높은 벼슬까지 올랐지.

이렇듯 어려운 환경 속에서도 열심히 공부해서 성공한 사람의 이야기를 반딧불과 눈빛으로 공부했다 하여 '형설지공'이라 부르게 되었어.

###  이렇게 사용해 봐!

- 요즘에는 **형설지공**으로 공부한 사람의 이야기가 드물어.
- 가정 형편이 어렵다고 꿈을 포기하지 말고 **형설지공**의 각오로 노력해 보자.
- **형설지공**을 실천해 보겠다고 반딧불이를 마구 잡으면 곤란해. 반딧불이는 천연기념물이야.

5장

# 위기 속에서 얻은 삶의 지혜

구밀복검 | 난형난제 | 모순 | 오십보백보 | 토사구팽

# 구밀복검

'입에는 꿀을 머금고 배 속에는 칼을 숨겼다.'는 뜻으로, 겉으로만 친절하게 대하고 속으로는 미워하거나 해칠 마음을 품고 있을 때 쓰는 말이야.

하여간 우리 엄만 귀가 너무 얇아서 탈이야.
채영

 엄마가? 무슨 일 있었어?
고사리

오늘 옷가게에 가셨다가 옷을 한 벌 사 오셨는데…. 완전 할 말이 없네. 😢
채영

 어떤 옷을 사 오셨길래?
고사리

엄마하고 전혀 어울리지 않는 레이스 잔뜩 들어간 원피스를 사 오셨지 뭐야. 심지어 사이즈도 너무 꽉 끼고. 옷가게 사장님이 너~~무 예쁘다고 극찬했다는데 실화냐 싶네.
채영

 엄마가 **구밀복검**에 당하셨나 보네. 😭
고사리

**구밀복검**? 그게 뭐야?
채영

 겉으로는 친절하게 대하고 있지만, 속으로는 다른 마음을 품고 있다는 뜻이야. 꿀처럼 달콤한 말 뒤에 숨겨진 칼을 조심하라고!
고사리

전송

## 꿀처럼 달콤한 말 뒤에는

"어머머머, 어쩜! 너무너무 잘 어울려요!"

"예? 그, 그런가? 너무 화려하지 않나요?"

엄마가 거울 앞에서 어색하게 요리조리 새 옷을 비춰 보았어요.

"화려하긴요! 요즘은 엄마들도 얼마나 젊고 세련되게 입는데요?"

"사이즈도 좀 작은 것 같고……."

엄마가 튀어나온 뱃살을 집어넣으려 숨을 후읍, 들이마시며 말했어요. 점원이 난처한 표정을 지으며 뭐라고 말하려는 순간, 사장님은 점원을 막아서며 더욱 호들갑을 떨었어요.

"작긴 뭐가 작다고요? 엄청 날씬하신데. 이 모델 이거 딱 한 벌 남았어요. 오늘까지 할인이니까 묻지도 말고 가져가세요."

그렇게 홀린 듯 엄마는 레이스 원피스를 계산하고 말았어요. 엄마가 나간 뒤에 이어진 가게 안의 비밀스러운 대화는 허공으로 흩어져 버렸지요.

"장사는 이렇게 하는 거야. 어울리는 사람한테만 옷을 팔면 연예인들한테만 장사하게?"

"그러게요, 사장님! 덕분에 재고 상품 해치웠네요!"

엄마는 집에 돌아와 원피스를 다시 입어 봤지만 남의 옷같이 어색했어요. 거울로 비춰 보니 뱃살뿐 아니라 옆구리살까지 더 도드라져 보였지요.

"채영아, 이 옷 어때?"

"어? 어, 그게 좀……."

채영이가 보기에도 레이스 원피스를 입은 엄마는 영 아니올시다였어요. 아무리 패션은 자신감이라지만, 하늘하늘한 레이스 원피스는 엄마의 장점은 전혀 돋보이게 하지 않고 단점만 드러내는 스타일이었어요.

"옷가게 사장님이 엄마한테 너무 잘 어울린다고 해서 사 오긴 했는데, 아무래도 좀 아닌 것 같지?"

엄마가 혹시라도 상처받을까 봐 차마 진실의 입을 열지 못하고 더듬거리던 채영이는 큰맘 먹고 입을 열었어요.

"엄마, 혹시 '구밀복검'이란 말 알아?"

"구밀복검? 갑자기 그게 무슨 말이야?"

"'구밀복검'은 입에는 달콤한 꿀을 머금었지만, 배 속에는 나를 해칠 칼을 품고 있다는 뜻이래. 엄마, 아무래도 엄마가 그 사장님의 구밀복검에 넘어간 것 같아."

엄마가 실망스러운 표정으로 어깨를 축 늘어뜨렸어요.

"살만 조금 빠지면 봐 줄 만할 것 같은데……. 그래! 오늘부터 다이어트다! 채영아, 너도 엄마랑 같이 다이어트하는 거다. 오늘 야식은 패스!"

'헉! 그냥 어울린다고 말할걸! 구밀복검이 필요할 때도 있구나…….'

고사리가 들려주는 고사성어 이야기

# 구밀복검

중국 당나라 현종 때의 재상이었던 이임보는 교활하고 꾀가 많은 사람이었어. 이임보는 현종의 신임을 얻어 권력을 잡게 되자 자신보다 뛰어난 사람들은 무슨 수를 써서라도 제거해 버렸지. 하루는 현종이 이임보에게 말했어.

"요즘 엄정지는 어찌 지내는가? 그에게 벼슬을 내리고 일을 맡겨 볼까 하는데."

엄정지는 현명하고 강직한 인물이었지만 이임보의 모함을 받아 벼슬에서 물러나 고향에 내려가 있는 터였어. 현종이 다시 엄정지를 불러들일까 걱정이 된 이임보는 넌지시 엄정지의 아우 엄손지를 불렀어.

"황제 폐하가 일전에 자네의 형 얘기를 언뜻 비추셨다네. 그래서 말인데, 자네 형이 몸이 안 좋아 치료하기 위해 마침 수도에 올라와 있다고 상소문을 올리면 황제 폐하가 더 빨리 불러들이실 것 같은데."

엄손지는 이임보의 꿍꿍이를 눈치채지 못한 채 형의 복귀를 도와주려는 듯한 이임보에게 고마움마저 느꼈어.

"옳으신 말씀입니다. 제가 당장 황제 폐하께 상소문을 올리겠습니다."

얼마 뒤, 엄손지의 상소문을 받은 현종이 이임보에게 말했어.

"엄정지가 마침 근처에 돌아와 있다고 하니 조만간 불러들이면 될 것 같네."

그러자 이임보가 걱정스러운 표정으로 대답했어.

"폐하, 저도 그 소문을 들었사온데, 이미 늙고 병든 자가 폐하 곁에서 일하는 것은 버겁지 아니하겠습니까? 남은 인생을 편히 지낼 수 있도록 한가한 시골 관직이나 내려 주는 것이 마땅할 듯하옵니다."

잠시 생각하던 현종은 고개를 끄덕였어.

"자네의 말이 옳소. 그럼 엄정지의 일은 없던 일로 하시오."

후에 이 사실을 알게 된 엄정지는 분한 마음에 화병으로 세상을 떠나고 말았어. 이렇게 입으로는 꿀처럼 달콤한 말로 친절하게 대하지만, 속으로는 해칠 생각을 하는 것을 '구밀복검'이라고 해. 겉으로는 듣기 좋은 말로 방심하게 만들고 속으로는 뒤통수칠 마음을 품는 사람은 멀리하는 게 좋겠지?

 **이렇게 사용해 봐!**

- 말이 너무 번지르르한 사람은 **구밀복검**일지 모르니 조심해야 해.
- 사기꾼들의 말은 전형적인 **구밀복검**이지.

# 난형난제

| 難 | 兄 | 難 | 弟 |
|---|---|---|---|
| 어려울 난 | 형 형 | 어려울 난 | 아우 제 |

'누구를 형이라 하고 누구를 아우라 하기 어렵다.'는 뜻으로, 실력이 엇비슷해 어느 쪽이 더 나은지 가늠하기 어렵다는 말이야.

준형: 고사리! 내가 우리 반 대표로 독서 골든벨 대회에 나가게 됐어.

고사리: 와, 축하축하. 그렇게 기대하더니 드디어 대표로 뽑혔구나. 기대를 한 몸에 받겠네.

준형: 그랬음 얼마나 좋겠냐. 잘난 척 대마왕 신다영도 같이 나가. 어떻게 걔랑은 매번 붙나 몰라.

고사리: 오~ 역시 너희 둘은 **난형난제**야.

준형: 난 형이고 넌 뭐라고?

고사리: 앗, 그런 게 아니라 너와 다영이를 두고 누가 형인지 누가 아우인지 말하기 어렵다는 뜻인데….

준형: 엥? 나랑 신다영이 형제라고? 고사리 너 뭐 잘못 먹었냐?

고사리: 어휴. 내 말을 끝까지 들어야지! 둘의 실력이 막상막하라는 말이야.

준형: 아, 둘이 막상 붙어 봐야 안다고?

고사리: 끙….

전송

## 실력이 비슷하다고?

4학년 독서 골든벨 대회가 열리는 방과후 교실에는 아이들의 환호와 탄성이 롤러코스터처럼 오르락내리락했어요. 많은 아이가 탈락하고, 이제 문제 푸는 자리에 남아 있는 아이는 겨우 세 명뿐이었어요. 책 많이 읽기로 소문난 1반 시현이와 4반 준형이, 그리고 같은 반의 다영이였어요.

"자, 마지막 골든벨 문제입니다. 문제를 잘 듣고 이 상황에 맞는 고사성어를 손을 들고 외쳐 주세요."

진행하는 선생님의 안내가 끝나기도 전에 아이들은 한숨을 크게 내쉬었어요. 뒤에서 구경하던 선생님들도 살짝 난감한 표정을 지으셨어요. 준형이도 마지막 문제가 고사성어라는 말에 가슴이 콩닥댔어요.

'아무리 마지막 문제는 어렵게 낸다지만 고사성어는 좀 심한 거 아냐? 이럴 줄 알았으면 고사리하고 좀 더 친하게 지낼걸······.'

이런저런 생각이 준형이의 머릿속을 스쳐 갔어요. 준형이는 곁눈질로 다영이를 보았어요. 다영이도 당황했는지 마른침을 꼴깍댔어요.

"주인공 영식이는 민수와 제일 친한 소꿉친구였지만 현재는 서로 골목대장이 되고 싶어서 온갖 경쟁을 합니다. 딱지 대결에서는 영식이가 이겼지만, 물수제비뜨기에선 민수가 이겼죠. 영식이는 기필코 민수를 꺾겠다는 생각에 자기가 제일 자신 있는 제기차기를 제안하지만, 결과는 무승부가 됩니다. 이렇듯 실력이 엇비슷해 어느 쪽의 실력이 더 낫다고 말하기 어려운 상황을 형과 아우에 빗대어 말하는 고사성어는 무엇일까요?"

'형과 아우? 실력이 비슷하다? 어디서 들어 본 것도 같은데…….'

문제를 듣는 준형이의 눈이 가늘어졌어요. 옆에 앉은 다영이도 두 손으로 머리를 감싸고 생각을 쥐어짜는 듯했어요.

"너무 어렵게만 생각하지 말고요. 형과 아우를 한자로 생각해 볼까요?"

선생님은 특히 '어렵게'를 강조해서 발음하셨어요. 그때 고사리와 나눈 대화가 준형이 머릿속을 스쳤어요.

'고사리가 내가 다영이랑 같이 대표로 뽑혔다니까 뭐라고 했었는데…… 나보고 형이랬나?'

준형이는 손을 번쩍 들었어요.

"난형……. 그러니까 난형……."

그러나 뒤를 이을 말이 끝내 생각나지 않았어요. 그 틈에 다영이가 손을 들며 외쳤어요.

"난제요! 난제. 난형난제!"

선생님은 다영이를 가리키며 큰 소리로 말했어요.

"정답입니다! 하하. 준형이가 큰 힌트를 주었네요. 골든벨의 주인공은 신다영입니다."

고사리가 들려주는 고사성어 이야기

# 난형난제

진식이라는 학자에게는 진기와 진심이라는 두 아들이 있었어. 두 아들은 모두 아버지를 닮아 학문과 재주가 뛰어났지. 또한 진기에게는 군, 진심에게는 충이라는 아들이 있었는데 이 둘 또한 총명하기 이를 데 없었어. 하루는 군과 충이 자기 아버지가 더 훌륭하다며 다투었어. 한참이 지나도 누가 더 나은지 결론이 나지 않자 군과 충은 할아버지인 진식에게 가 물어보기로 했어.

손자들의 질문에 진식은 난처해지고 말았어. 각자 자기 아버지가 더 훌륭하다 생각하는 손자들에게 큰아들인 진기가 낫다고 말하기도 어렵고, 막내아들인 진심이 낫다고 할 수도 없었던 거지. 진식은 고민 끝에 이렇게 말했어.

"기는 형 노릇 하기 어려울 것이고, 심은 동생 노릇 하기가 어려울 것이다."

진기는 뛰어난 동생인 진심의 형 노릇을 하기 어려울 것이고, 진심은 뛰어난 형인 진기의 동생 노릇을 하기가 힘들 것이라는 말이었어. 즉, 누가 더 낫고 누가 더 못한지 가릴 수 없다는 뜻이었지. 진식의 지혜로운 대답에 군과 충은 고개를 끄덕였어.

✔ **이렇게 사용해 봐!**

- 오디션 프로그램을 보면 참가자들 실력이 정말 뛰어나서 <mark>난형난제</mark>라는 생각이 들어.
- 불국사에 있는 석가탑과 다보탑 중에 어느 것이 더 훌륭하냐고 묻는다면 <mark>난형난제</mark>라고 하겠어.

# 모순

'창과 방패'라는 뜻으로, 말이나 행동이 앞뒤가 맞지 않을 때 쓰는 말이야.

으! 분하다! 😡 동생으로 태어난 게 무슨 죄라도 되나?  
동형

 왜 그래? 형한테 또 당한 거야?  
고사리

 내가 도저히 이대로는 못 살 것 같아. 엄마도 맨날 형한테 대들면 안 된다고만 하고. 😭 그래서 오늘부터 백일기도를 시작하겠어.  
동형

 백일기도라니? 무슨 소원을 빌려고 그렇게 비장한 거야?  
고사리

 눈 깜짝할 사이에 3년만 지나가게 해 달라고 기도할 거야. 그럼 형이랑 나랑 동갑이 되니 내가 대들어도 될 거 아니야?  
동형

 엥? 그게 무슨 **모순**이야? 네가 세 살 더 먹는 동안 형은 나이 안 먹을 거 같아? 😒  
고사리

 아, 몰라몰라! 나만 나이 먹게 해 달라고 기도할 거니까 말리지 말라고!  
동형

전송

## 3년만 지나면!

"으악! 형은 왜 맨날 나한테만 그래?"

"왜 너한테만 그러는지 궁금하냐? 네가 맨날 잘못을 하니까 너한테만 그러는 거야."

"몰라! 엄마한테 다 이를 거야!"

동형이는 쿵쾅거리며 엄마에게 뽀르르 달려갔어요.

"엄마! 형이 또 나한테······."

"아유, 또 시작이니? 너 또 형한테 대들었구나. 동생이 돼서는 맨날 형한테 따박따박 대드니까 형이 그러는 거 아니야? 도대체 언제까지 그럴 거니?"

동형이는 금방이라도 눈물이 왈칵 쏟아질 것 같은 눈으로 엄마를 노려봤어요.

"엄마 나빠! 맨날 형 편만 들고!"

엄마는 항상 이런 식이었어요. 다른 집은 형이랑 동생이랑 싸우면 무조건 형한테 양보하라고 한다던데, 엄마는 동생들만 있는 맏이라 그런가 늘 형 입장에서 동형이만 나무라는 것 같았어요. 엄마가 형 편만 드니까 형도 점점 엄마만 믿고 동형이에게 더 함부로 대하는 것 같았어요.

'쳇! 이렇게 살 순 없어!'

동형이는 이불을 뒤집어쓰고 두 손을 모았어요. 무릎을 굽히고 납작 엎드리니 엉덩이가 쑥 올라갔어요. 동형이는 기도를 시작했어요.

"하느님, 부처님, 신령님, 산타클로스 할아버지! 부디 빨리 3년이 지나가서 저도 형처럼 열두 살이 되게 해 주세요. 아니, 4년도 좋습니다. 그럼 제가 형의 형이 될 테니까 그게 더 좋을 것 같아요."

형의 형이 되어서 형을 괴롭힐 생각을 하니 동형이는 키득키득 웃음이 새어 나왔어요. 그 순간이었어요.

"야! 너 뭐 하냐?"

형의 손이 이불을 홱 뒤집어 젖혔어요. 동형이의 놀란 눈이 토끼같이 동그래졌어요.

"너 내가 가만히 들어 보니까 나랑 동갑 되게 해 달라고 기도하는 거 같던데, 맞아?"

입을 꾹 다물고 있는 동형이를 보고 형이 깔깔대며 웃었어요.

"세상에 그런 모순이 어디에 있냐? 동생아, 시간은 누구에게나 공평한 거란다. 너 열두 살 되는 동안 나는 가만있겠니? 이번 생은 동생으로 태어난 김에 형님 말씀 잘 듣고 살 거라. 알겠느냐?"

고사리가 들려주는 고사성어 이야기

# 모순

    중국 초나라에 창과 방패를 파는 장사꾼이 있었어. 장사꾼은 멋진 창을 들고 지나가는 사람들을 향해 소리 높여 외쳤어.

    "자, 이 창으로 말할 것 같으면 세상에 둘도 없는 창입니다. 세상에 뚫지 못하는 방패가 없는 무적의 창이지요!"

    지나가던 사람들은 발걸음을 멈추고 장사꾼이 자랑하는 창 주위로 몰려들었어.

    "그 창이 그렇게 대단하오?"

    "두말하면 잔소리지요. 날이면 날마다 오는 창이 아니니 눈에 띄었을 때 얼른 사 가십시오. 이름난 장수들도 못 사서 안달인 물건입니다."

    장사꾼을 둘러싼 사람들이 호기심 어린 눈으로 창을 바라보았어. 그때 한 사람이 물었어.

    "저 방패는 무엇이오?"

    장사꾼은 기다렸다는 듯이 방패를 들고 목소리를 높였어.

    "이 방패는 보통 방패가 아닙니다. 질기고 단단하기가 이루 말할 수 없을 정도지요. 이 방패를 뚫을 수 있는 창은 이 세상에 단 한 자루도 없습니다. 이 방패 덕분에 목숨을 구한 사람이 한둘이 아닙니다."

사람들은 장사꾼의 말에 연신 고개를 끄덕이며 방패를 만지작거렸어. 그런데 사람들 무리 속의 누군가가 불쑥 나서며 말했어.

"거참, 이상한 일이오."

난데없는 목소리에 사람들이 모두 그를 쳐다봤어. 그러자 그 사람이 장사꾼의 창과 방패를 번갈아 보며 이렇게 말했어.

"이 창은 뚫지 못하는 방패가 없는 무적의 창이고, 이 방패는 모든 창을 막아 내는 방패라니 이게 말이 되는 소리요? 그렇다면 당신이 가진 그 창으로 그 방패를 찌르면 어떻게 된단 말이오?"

장사꾼은 남자의 물음에 아무 대답도 하지 못하고 얼굴만 빨개졌어. 이렇게 말이나 행동이 앞뒤가 맞지 않는 경우를 가리켜 '모순'이라고 해.

 **이렇게 사용해 봐!**

- 팔이 아파서 숙제는 못 한다면서 야구를 하러 나가는 건 **모순**이지.
- 공부를 하나도 안 하고 시험을 잘 보길 바라는 건 **모순**이야.

# 오십보백보

'오십 걸음과 백 걸음'이라는 뜻으로, 오십 걸음을 도망친 사람이나 백 걸음을 도망친 사람이나 도망친 사실에는 차이가 없다는 말이야.

민서: 고사리! 나 은빈이 땜에 너무 열 받아서 학교도 가기 싫어.

고사리: 너희 반 은빈이? 도대체 왜?

민서: 은빈이가 나더러 눈이 왜 이렇게 작냐며 단춧구멍이라고 하는 바람에 내 별명이 단춧구멍이 됐단 말이야.

고사리: 어… 그건 좀 심했네.

민서: 자기도 못생긴 주제에 어떻게 남의 얼굴 평가를 할 수 있니? 한 번만 더 그러면 나도 가만있지 않을 거야! 잘난 척 왕재수 최은빈!

고사리: 은빈이가 잘했다는 건 아니지만 네가 은빈이에 대해 그렇게 말한다면 오십보백보 같은데.

민서: 뭐? 오십번백번? 오십 번이고 백 번이고 무조건 참으란 말이야?

고사리: 그게 아니고…. 그렇게 나쁜 말을 하면 너도 똑같이 남을 헐뜯는 사람이 된다는 거야.

전송

## 눈에는 눈, 이에는 이

아직도 화가 가라앉지 않은 민서는 애꿎은 휴대전화만 노려보고 있었어요. 갑자기 벨 소리가 울리면서 화면에는 '나의 베프 다영♡'이라는 문구가 떴어요.

"여보세요, 다영이니?"

"으응. 민서야."

전화에서 들려오는 다영이의 목소리에는 힘이 하나도 없었어요.

"다영아, 왜 그래? 무슨 일 있어?"

"민서야, 내가 그렇게 뚱뚱하니? 내가 발레할 때 돼지 같아 보여?"

"다, 다영아, 네가 돼지 같다니 그게 무슨 소리야?"

민서는 그만 너무 당황해서 말을 더듬었어요.

"은빈이가 아까 발레 수업할 때 다른 애들한테 그러는 걸 들었어. 다영이는 너무 뚱뚱해서 주인공은 절대 맡을 수 없다고. 발레할 때 보면 핑크 돼지 같다고……."

"이런, 못된 최은빈! 내가 가만두지 않을 거야!"

다음 날, 학교 복도에서 민서는 은빈이와 딱 마주쳤어요.

"야, 최은빈. 넌 무슨 자신감으로 다른 사람 외모 지적을 그렇게 하냐?"

"김민서, 너 뭐 잘못 먹었니? 왜 갑자기 지나가는 사람한테 시비야?"

"시비가 아니고 사실이지. 지난번에는 내 눈 가지고 단춧구멍이라고 하더니 어제는 다영이한테 핑크 돼지라고 했다면서? 매일 남들 흉이나 보고 다니는 이 잘난 척 왕재수야!"

"뭐? 왕재수? 단춧구멍, 너 말 다 했어?"

민서와 은빈이가 서로의 얼굴을 맞대고 으르렁대는 찰나, 갑자기 누군가 나타나 두 사람의 목 뒤 옷깃을 위로 들어 올렸어요.

"자, 여기서 이러지 말고 교실로 들어가 미운 말 대잔치 결승전 어때?"

무섭기로 소문난 민서네 반 담임 선생님이었어요.

"선생님, 은빈이가 먼저 아이들 얼굴 평가를 하며 떠들고 다녔어요. 그건 나쁜 거잖아요. 네?"

민서는 선생님을 향해 간절한 눈빛으로 말했어요.

"아하, 민서가 은빈이를 혼내 주려고 잘난 척 왕재수라고 말한 거구나."

선생님은 상냥한 표정으로 민서의 눈을 바라보며 말했어요.

"네네, 바로 그거예요."

민서는 자기 마음을 알아주는 선생님이 너무 고마워 고개를 계속 끄덕거렸어요.

"떽! 이 녀석! 그게 오십보백보지. 나쁜 말은 나쁜 말일 뿐, 먼저와 나중이 어디 있어? 너희 둘은 오늘 남아서 명심보감 좀 쓰고 가자. 알겠지?"

# 오십보백보

    맹자가 공자의 가르침을 널리 알리기 위해 다니던 중, 위나라의 혜왕을 찾아갔어. 혜왕은 맹자 앞에서 자기 자랑을 늘어놓으며 이렇게 물었어.

    "저는 백성들을 잘 다스리기 위해 온갖 정성을 기울입니다. 예를 들면 하내 지방에 흉년이 들었을 때는 백성들을 하동 지방으로 옮기고, 반대로 하동에 흉년이 들면 백성들을 하내로 옮겨 살게 했지요. 이웃 나라를 살펴봐도 저처럼 마음을 쓰는 이는 없습니다. 그런데 왜 이웃 나라 백성이 줄지도 않고, 우리나라의 백성이 늘지도 않는 걸까요?"

    그러자 맹자가 말했어.

    "왕께서 전쟁을 좋아하시니 전쟁에 비유해서 말씀드리지요. 전쟁터에서 칼과 창이 부딪치며 격렬히 싸우고 있는데 병사들이 갑옷을 버리고 도망갔다고 생각해 보십시오. 어떤 병사는 백 걸음을 가다가 멈췄고, 어떤 병사는 오십 걸음을 간 뒤에 멈췄습니다. 그런데 오십 걸음 가고 멈춘 자가 자신은 오십 걸음밖에 도망가지 않았다면서 백 걸음 도망친 병사를 비겁하다고 비웃는다면 어떻겠습니까?"

    "말도 안 되지요. 백 걸음을 도망치지 않았다 뿐이지, 전쟁 중에 도망친 건 마찬가지 아니오?"

맹자가 다시 말했어.

"왕께서 그걸 아신다면 전하의 백성이 이웃 나라보다 많아지기를 부디 바라지 마십시오."

혜왕의 정치는 백성을 먼저 생각하는 왕도 정치가 아니라, 나라를 부유하게 하고 군사를 강하게 만드는 패도 정치에 가까웠어. 기본적으로 다른 나라의 정치와 크게 다르지 않았기 때문에 백성들을 크게 감동시키지 못했고 백성의 수가 늘어나지 않았던 거야.

 **이렇게 사용해 봐!**

- 큰 거짓말이나 작은 거짓말이나 **오십보백보**다.
- 민호는 1분 지각, 현수는 10분 지각을 했지만 지각한 건 **오십보백보**라 둘 다 복도 청소를 해야 한다.

# 토사구팽

'토끼 사냥이 끝나면 사냥개를 삶아 먹는다.'는 뜻으로, 필요할 때는 요긴하게 썼다가 쓸모가 다하면 가차 없이 버릴 때 쓰는 말이야.

우진: 고사리! 너 승준이가 민지 좋아한다는 거 알지?

 고사리: 알지! 네가 중간에서 둘을 연결시켜 주려고 엄청 노력했잖아.

우진: 승준이 녀석이 엄청 애걸복걸하기에 내가 열 일 제치고 나섰는데….

 고사리: 그랬지. 근데 왜? 잘 안 됐어?

우진: 아니! 차라리 잘 안 됐으면 좋았을 텐데! 둘이 커플 되더니 이제 친구는 보이지도 않나 봐.

 고사리: 정말? 승준이가 사랑에 눈이 멀었구나.

우진: 민지랑 잘되는 거 도와주면 새로 산 게임기 맨날 하게 해 준다더니 둘이 꽁냥꽁냥하느라 도통 얼굴을 볼 수가 없어.

 고사리: **토사구팽**이 따로 없네. 😄

우진: 엥? 토사, 그게 뭐야?

 고사리: **토사구팽**이란 필요할 때는 이리저리 이용하다가 쓸모없어지면 버린다는 뜻이야.

전송

## 도와 달라고 할 땐 언제고?

"우진아, 친구 좋다는 게 뭐냐? 나 좀 도와줘라. 응? 응?"

우진이는 승준이의 찰거머리 작전에 두 손 두 발 다 들고 말았어요.

"알았어. 대신 너 지난번에 자랑하던 게임기, 주말에 나 빌려주는 거다?"

"옛썰!"

승준이는 우렁찬 목소리로 거수경례까지 붙이며 대답했어요. 승준이가 이렇게 우진이에게 매달리는 이유는 다름 아닌 민지 때문이었어요. 우진이네 앞집에 새로 이사 온 민지는 하얀 얼굴에 발레를 잘하는 예쁜 소녀였어요. 엄마들끼리는 어느새 인사를 터서 우진이와 민지도 눈인사 정도는 하고 지내는 사이가 되었지요.

어느 날 우진이네 집에 놀러 온 승준이는 우진이에게 생긋 눈인사를 건네는 민지에게 한눈에 반하고 말았어요. 어떻게든 민지와 친구가 되어 보려고 승준이는 우진이에게 매달리고 또 매달렸어요. 결국 우진이는 승준이와 민지를 이어 주는 오작교가 되기로 약속하고 말았지요.

💬 승준아, 민지 지금 줄넘기 들고 놀이터 나감.

우진이의 문자에 승준이는 줄넘기를 들고 부리나케 우진이네 놀이터로 달려갔어요. 2단 뛰기를 하다 자꾸만 걸리는 민지를 보던 승준이는 민지가 보일 만한 거리에서 씽씽 2단 뛰기를 넘었어요.

"와! 너 진짜 잘한다. 나도 좀 가르쳐 줄래?"

승준이는 좋아서 콧구멍을 벌름거리며 민지 곁으로 다가갔어요.

"일단 팔을 빨리 돌리는 연습을 해야 해. 리듬을 타면서 이렇게……."

그날부터 승준이와 민지는 놀이터에서 줄넘기 데이트를 시작했어요. 한편 우진이는 승준이의 새 게임기 생각에 잔뜩 들떠 있었지만, 승준이는 우진이와의 약속은 안중에도 없었지요.

며칠 뒤, 우진이는 게임기 빌려주기를 차일피일 미루기만 하던 승준이와 놀이터에서 딱 맞닥뜨렸어요. 우진이가 도끼눈을 하고 말했어요.

"하! 토사구팽이라던 고사리 말이 딱 맞았네!"

"토사구팽? 그게 무슨 말이야?"

"토끼 사냥이 끝나면 사냥개를 삶아 먹는다는 뜻이야. 필요할 땐 요모조모 잘 써먹다가 쓸모없어지면 헌신짝처럼 내다 버리는 너 같은 인간을 보고 하는 말이다!"

우진이가 으르렁대자 승준이가 힘없이 대꾸했어요.

"맞아. 너를 그렇게 대해서 나도 그 벌로 토사구팽을 당하나 봐."

"응? 그게 무슨 말이야?"

"민지가 2단 뛰기를 마스터하자마자 더 이상 나하고 볼일이 없다고 하더라. 흑흑."

## 고사리가 들려주는 고사성어 이야기
# 토사구팽

중국을 통일한 한나라의 유방은 천하를 통일하는 데 큰 공을 세운 장군 한신을 초나라의 왕으로 세워 주었어. 그런데 한신의 이름이 높아지고 힘이 세지자 그가 반란을 꾀한다는 소문이 돌기 시작했어. 유방은 초나라 출신 장수 종리매에 대한 감정이 좋지 않았는데, 종리매의 재주를 아깝게 여긴 한신이 그를 숨겨 주고 보살피고 있다는 사실도 탐탁지 않았어.

"폐하, 당장 한신을 처단하시옵소서."

신하들의 말에 유방의 마음이 흔들리는 것을 눈치챈 한신은 큰 고민에 빠졌어. 이대로 있다가는 꼼짝없이 죽임을 당할 판이었지. 한신은 종리매에게 자초지종을 설명했어. 그러자 종리매가 성난 얼굴로 말했어.

"그동안 유방이 당신을 치지 못한 것은 당신이 나와 함께 있었기 때문이오. 그런데 이제 와서 유방의 비위를 맞추려고 값싼 고민을 하다니. 나는 차라리 이 자리에서 목숨을 끊겠소. 그러나 명심하시오. 나 다음은 당신 차례라는 것을."

그러고는 스스로 목을 찔러 죽고 말았지. 한신은 죽은 종리매의 목을 들고 유방을 찾아갔어. 그렇게 하면 유방의 오해를 풀고 다시 믿음을 얻을 수 있을 거라고 생각했거든. 하지만 유방은 종리매가 없는 한신을 손쉽게 잡아 가두었어.

'아, 토끼 사냥이 끝나면 사냥개를 삶아 먹는다더니, 천하를 통일할 때 큰 공을 세운 나를 이렇게 내치는구나! 종리매야, 너의 말이 옳았다!'

한신은 하늘을 우러러 탄식했지만 아무 소용이 없었다고 해. 이렇게 필요할 때는 요긴하게 이용하고 쓸모가 다하면 버리는 것을 '토사구팽'이라고 해.

###  이렇게 사용해 봐!

- 이 회사가 이렇게 큰 게 누구 덕인데 나를 **토사구팽**하다니!
- 왜군을 물리친 이순신 장군을 **토사구팽**하다니 정말 분하고 억울해.
- 코 푼 휴지를 버리듯 나를 **토사구팽**하다니 말이 되니?

## 어휘가 탄탄해지는 고사성어 톡톡!

**1판 1쇄 발행일** 2021년 10월 29일

**기획** 강민경
**지은이** 인정림·강정화
**그린이** 나인완

**발행인** 김학원
**발행처** 휴먼어린이
**출판등록** 제313-2006-000161호(2006년 7월 31일)
**주소** (03991) 서울시 마포구 동교로23길 76(연남동)
**전화** 02-335-4422  **팩스** 02-334-3427
**저자·독자 서비스** humanist@humanistbooks.com
**홈페이지** www.humanistbooks.com
**유튜브** youtube.com/user/humanistma  **포스트** post.naver.com/hmcv
**페이스북** facebook.com/hmcv2001  **인스타그램** @human_kids
**편집** 박현혜 정은미  **디자인** 기하늘
**용지** 화인페이퍼  **인쇄** 삼조인쇄  **제본** 정민문화사

글 ⓒ 인정림·강정화, 2021   그림 ⓒ 나인완, 2021

ISBN 978-89-6591-442-6 73710

- 이 책은 저작권법에 따라 보호받는 저작물이므로 무단 전재와 무단 복제를 금합니다.
- 이 책의 전부 또는 일부를 이용하려면 반드시 저작권자와 휴먼어린이 출판사의 동의를 받아야 합니다.
- **사용 연령 8세 이상**  종이에 베이거나 긁히지 않도록 조심하세요. 책 모서리가 날카로우니 던지거나 떨어뜨리지 마세요.